문학의
집에서
꾸는
꿈

창작과
소통
총서 07

문학의 집에서 꾸는 꿈

전국대학문예창작학회 엮음

국제문학사

머리말

문학의 집에서 새로운 꿈을 준비하는 이들을 위하여
-세상 살면서 세상 새롭게 보기-

　우리는 지금 밀레니엄의 거대한 전환기를 넘어 새로운 문학 현상의 시대를 살고 있다. 문학 수용 층위가 급변하면서 문학 생산자의 독주와 소비자의 외면이라는 극단 현상이 나타나고 있다. 이런 결과의 하나로 거시적 담론이 사라지고 미시적 담론이 저마다 다른 색깔의 꽃들로 난무하는 시대가 되었다. 이 시대 문학의 하늘에는 기성 문인이 초저녁별처럼 성글고, 신인이 혜성처럼 나타났다가 가뭇없이 사라져간다.
　지금, 문학은 빠르게 흘러가는 것들에 실려서 가볍고 빠르게 흘러가고 있다.
　빠르게 달리는 차 안에서는 바깥 풍경을 정확하게 보기 어렵다. 우리는 차에서 내려 느린 걸음으로 길을 걸을 때서야 비로소 작은 꽃들이 보이고, 그 사이를 넘나드는 벌 나비도 보게 될 것이다.

이 책 『문학의 집에서 꾸는 꿈』은 느린 걸음으로 길을 나선 이들을 위해 마련되었다. 문학이란 본디 느린 걸음으로, 세상의 갖은 풍경을 보려는 이들의 것이다.

이 책은 불가해(不可解)하고 실험적인 오늘의 문학론보다는 '기본이론'의 글을 중심으로 묶었다. 혹자는 기본이론을 두고 지나간 시대에 침몰해버린 난파선쯤으로 여길지도 모르겠다.

누군들 모르랴, 문학이 지금껏 본 적이 없는 새롭고 놀라운 것, 신비한 것을 드러내 보이려는 열망의 푯대라는 것을. 그렇지만 꿈이 현실을 은유한 것이 듯, 절실한 현실 체험을 '기본이론'으로 천천히 풀어가자는 것이다. 이 단계의 어디쯤에서 비로소 현실적인 꿈과 낭만적인 꿈이 따뜻이 맞대면하는 '진실한 문학의 창(窓)'이 열리지 않을까.

부디 『문학의 집에서 꾸는 꿈』이 문학의 집에서 꾸는 꿈의 한 페이지를 장식하는데 도움이 되기를 바랄 뿐이다.

2017년 겨울에
채길순 전국문예창작학회장

차 례

창작과 소통총서 07
문학의 집에서 꾸는 꿈

머리말 ··· 4

제1부 창작의 길

좋은 소설 잘 쓰기 · **조동길** ······································ 11
  1. 좋은 소설이란? ·· 12
  2. 소설을 잘 쓰려면? ·· 19

모더니즘 시운동의 겉과 속 · **민병기** ······················ 29
  * 머리말 : 모더니즘 시운동의 특징 ······················ 30
  1. 정지용의 선구적 업적 ······································ 32
  2. 김기림의 평론과 시 ··· 42
  3. 석정시의 양면성 ·· 49
  4. 자유시와 시조형 ·· 63

낯선 '것'과의 만남: 한국 장애인 문학 이해 · **차희정** ········· 75
  1. 들어가며 ·· 76
  2. 대한민국장애인문학상 26년간 수상 작품의 성격과 주제 양상 ··· 79
  3. 장애인 문학의 과제와 지향 ····························· 99

문예의 이해성과 의지 및 사상 연관성 · **서정남** ············ 109
  1. 들어가며 ··· 110

2. 이해성understanding과 의지will ······· 112
   3. 사상의 연관성 ······· 113
   4. 나가면서 ······· 114

고전 수필을 통해서 본 조선의 어머니는 현대의 어머니 · **이성림** 117
   1. 문헌적 특징-『윤씨행장』의 내용 ······· 119
   2. 어머니를 짐작해 보다 ······· 121
   3. 효자의 가문에서 충신을 구하다 ······· 125

은희경의『새의 선물』에 나타난 여성의 일탈 양상 · **김승현** ······· 129
   1. 머리말 ······· 130
   2. 관찰을 통해 본 억압된 여성 삶의 고발과 주체성 확립 ·· 134
   3. 가부장제 사회에서의 일탈된 삶 ······· 147
   4. 맺음말 ······· 157

<사반의 십자가>에 나타난 인물의 상관성과 그 의미 · **은미숙** ··· 161
   1. 서론 ······· 162
   2. 사반과 예수의 병치적 관계의 상관성 ······· 164
   3. 외형적 변혁의 기대와 근원적 인식 변화 촉구의 간극 ···· 177
   4. 결론 ······· 190

시인이 쓰는 자서/ 원체험元體驗의 되돌이표,《울 엄마》· **이희숙** ·· 193
   1. 들어가며:《울 엄마》가 태어나기까지 ······· 194
   2.《울 엄마》의 시적 모티브와 시어詩語 ······· 199
   3. 나가면서: 나는 왜 시를 쓰나 ······· 224

치유글쓰기 이론과 실제 · **김성구** ················· 233
    1. 치유글쓰기를 위한 마인드월드테라피 이해 ············· 234
    2. 치유 글쓰기 실제 ··· 243

소설언어의 성격과 효과적인 소설 집필방법 · **채길순** ············· 255
    1. 소설 언어는 종합언어이다 ································· 256
    2. 소설은 대화와 지문으로 전개 된다 ···················· 256
    3. 소설에서 대화와 지문을 효과적으로 선택하는 방법 ······· 262
    4. 소설 창작에서 다른 양식의 글을 효과적으로 담아내기 ·· 264
    5. 소설의 효과적인 전개 방법 ································ 268
    6. 좋은 글을 쓰기 위한 몇 가지 자세 ····················· 270

제2부 창작의 풍경화

마음의 근력(筋力)을 키워야 한다 · **이성림** ················· 277

작가의 말 : 글쓰기는 내 영원한 미완의 꿈이다 · **민병기** ············ 285

제1부 창작의 길

- 좋은 소설 잘 쓰기 · **조동길**
- 모더니즘 시운동의 겉과 속 · **민병기**
- 낯선 '것'과의 만남: 한국 장애인 문학 이해 · **차희정**
- 문예의 이해성과 의지 및 사상 연관성 · **서정남**
- 고전 수필을 통해서 본 조선의 어머니는 현대의 어머니 · **이성림**
- 은희경의 『새의 선물』에 나타난 여성의 일탈 양상 · **김승현**
- <사반의 십자가>에 나타난 인물의 상관성과 그 의미 · **은미숙**
- 시인이 쓰는 자서/ 원체험元體驗의 되돌이표 《울 엄마》 · **이희숙**
- 치유를 위한 시 창작 이론과 실제 · **김성구**
- 소설언어의 성격과 효과적인 소설 집필방법 · **채길순**

좋은 소설 잘 쓰기

조동길 · 소설가/공주대명예교수

1. 좋은 소설이란?

'좋은 소설'이란 무엇인가?1) 이 말은 종종 '잘 쓴 소설'과 같은 뜻으로 쓰이기도 하지만 그 의미가 다르게 사용되는 경우도 있다. 앞의 것이 주로 소설의 내용이나 가치, 작가의 의식 등을 대상으로 하는 것이라면, 뒤의 것은 대체로 소설의 기법이나 표현 등에 더 중점을 둔 말이라 볼 수 있기 때문이다. 하지만 이 두 말이 이처럼 언제나 확연하게 구분될 수 있는 것은 아니다. 흔히 우리가 '잘 쓴 소설'이라 할 때 거기에는 위에서 말한 '좋은 소설'의 의미가 일부 포함되어 있는 것으로 인식되기도 한다. 즉 '잘 쓴 소설'은 그 내용이나 가치와 함께 기법이나 표현도 잘 되어 있어야 한다는 의미로 이해된다는 말이다. 이렇게 본다면 '잘 쓴 소설'이라는 말 하나만 있어도 될 것 같다.

그러나 우리 주변에 널려 있는 많은 소설 가운데 '잘 쓴 소설'은 눈에 많이 띄어도 '좋은 소설'은 만나기가 쉽지 않다. 왜 그런가. 독자들의 욕망이나 기호(嗜好)를 충분히 채워주는 내용에 기발하고 자극적인 표현을 구사한 소설은 어렵지 않게 쓸 수

---

1) 이 글은 필자의 단행본 『소설교수의 소설 읽기』(맵시터, 2013.)에 수록된 내용을 일부 수정 보완한 것입니다.

있지만, 독자들의 영혼을 울리고, 세계와 현실을 올곧게 바라보며 그 핵심을 용기 있게 포착하면서, 그 서술 방식이나 문장 구사에 이르기까지 교육적 기능을 발휘하는 소설은 아무나 쓸 수 있는 것이 아니기 때문이다. 일부 예외적인 작가들을 제외하면 대부분의 소설가들은 당연히 '좋은 소설'을 쓰고 싶은 욕망을 소유하고 있다. 그럼에도 그런 소설이 드문 것은 그것이 욕심이나 포부만 가지고 되는 것이 아니라는 것을 시사(示唆)해 준다.

'좋은 소설'과 동의어로 고전이라는 말을 생각해 볼 수 있다. 동서고금의 수많은 소설 가운데 고전이라는 칭호를 받는 작품은 매우 희귀하다. 고전은 시간과 공간을 초월하여 독자들에게 깊은 감동을 선사한다. 그 감동은 세파에 찌든 마음을 정화해 주기도 하고, 방황하는 영혼에게 밤하늘의 별빛처럼 갈 길을 안내하는 등대 역할을 수행하기도 한다. 그런가 하면 진실과 진리를 추구하는 강렬한 용기를 북돋기도 하고, 애매모호하고 혼란스러운 자아를 명징하게 확립하여 그 정체성을 확고하게 해 주기도 한다. 고전 한 편이 한 사람의 일생을 바꿔놓는 일은 부정할 수 없는 수많은 사람들의 경험적 사실이다. 이는 우리를 앞서 간 수많은 선배들의 생생한 고백으로 충분히 증명되고도 남는다.

그렇다면 고전이라는 이름을 얻을 수 있는 소설의 조건은 무엇인가. 민족이나 개인차에 따라 조금씩 달라질 수는 있지만 최소한 대체로 다음과 같은 세 가지 조건은 필수적으로 가져야 한다는 것이 이 분야를 오래 연구한 전문가들의 공통적인 생각이다.

첫째, 소설이 아름답고 정확한 모어(母語)로 서술되어 있어야 한다. 소설을 쓰는 일은 생각만으로 되는 게 아니고 문자 언어를 통해 구체적으로 표현되어야 완성된다. 생각을 구체적인 언어로 바꾸는 일은 쉬울듯하면서도 매우 어려운 일이다. 우리는 종종 머릿속의 생각을 구체적인 언어로 바꾸지 못해 답답함을 느끼는 경우가 있다. 이는 일상에서 흔히 경험하는 일이다. 그 이유는 언어 자체가 가진 불완전성에도 원인이 있지만, 기본적으로는 말하는 사람이나 글 쓰는 사람의 언어 활용 능력이 덜 훈련되어 있거나 미숙한 것이 더 근본적이라고 할 수 있다.

소설가는 언어를 다루는 전문가다. 전문가란 다른 사람이 갖지 못한 능력이나 재주를 가진 사람을 가리킨다. 보통 사람과 똑 같은 기능을 가진 사람을 전문가라 지칭하지는 않는다. 따라서 모어로 소설을 쓰는 소설가는 모어 전문가라 할 수 있다. 혹 문법 학자나 어휘를 연구하는 학자가 모어 전문가라고 생각할 수도 있으나 그들보다도 더 생생하게 살아 있는 모어를 가장 정확하고 아름답게 구사할 수 있는 전문가는 소설가나 시인 등 문인들이다. 운동 경기로 비유하자면 문법 학자가 감독이나 코치라면 시인이나 소설가는 선수에 해당한다.

이런 전문가가 쓴 글은 당연히 그 언어로 된 표준이나 모범의 대상에 해당된다고 볼 수 있다. 그러므로 그런 글을 읽는 것은 당연히 가장 훌륭하고 모범적인 모국어 문장을 수용하고 공부하는 일이 된다. 독서 과정에서 글 내용의 가치나 의미는 2차적인 것이고 언어를 받아들이는 일이 1차적이라는 사실을 상기하면

이 말이 더 쉽게 이해될 수 있을 것이다. 그렇다면 고전은 가장 훌륭하고 모범적인 모어 교과서로서의 위상을 갖는다고 할 수 있다. 그 어떤 뛰어난 모어 학습서라 할지라도 그 기능이나 효율성 면에서 고전을 능가할 수 있는 것은 존재하지 않기 때문이다. 동시에 이 과정에서 고전을 쓴 작가의 지위와 역할도 상기할 필요가 있는데, 독자들의 독서 행위를 통해 고전의 작가는 모어를 가르치는 교사의 역할을 수행한다고 볼 수 있다. 즉 고전의 작가는 그 언어를 사용하는 구성원들의 영원한 모어 스승이 되는 셈이다.

둘째, 소설에서 다루고 있는 내용이, 그 작품이 산출된 동시대 현실의 핵심적인 문제를 포착하고 있어야 한다. 우리가 알고 있는 대부분의 고전은 그 작품이 창작될 당시의 시대적인 핵심과제를 외면하지 않고 있다. 많은 사람들은 고전이라면 흔히 영원불변의 진리나 시공을 초월한 인류 보편적인 문제를 다루고 있어야 한다고 생각한다. 이는 물론 틀린 말이 아니다. 당연한 생각이고 타당한 말이다.

그러나 영원불변의 진리나 인류 보편의 문제는 우리 삶을 떠나 특별히 존재하는 게 아니다. 우리의 일반적인 삶에서 우러나오고, 그 삶에 뿌리를 두지 않은 진리는 진정한 진리일 수 없다. 설령 그것이 진리의 모습을 하고 있더라도 그것은 공허하거나 생명 없는 형해(形骸)에 불과하다. 진정한 진리라는 것은 우리에게 경험적 공감을 줄 수 있어야 하며, 실제로 우리 삶에 영향을 미칠 수 있어야 한다. 인류 보편적 문제라는 것도 마찬가지다.

좋은 소설 잘 쓰기

인종과 종교와 소득의 차이를 넘어서 누구나 공감할 수 있는 문제라는 것이 선험적이거나 추상적인 것일 수는 없다. 오늘을 사는 우리에게 현실적으로 관련되어 있으면서 절절하게 우리 자신의 문제라는 인식을 줄 수 있는 것만이 의미가 있고 가치가 있다.

그렇다면 이런 살아있는 진리나 보편성 있는 문제는 어디로부터 오는가. 위대한 선인들의 가르침도 중요한 원천이 되겠지만 따지고 보면 그 가르침이라는 것도 동시대의 현실을 고민하고 성찰하면서 얻어지는 것임을 명심해야 한다. 예컨대 예수의 가르침은 거대 권력에 의해 핍박받는 소수 민족의 비극적 현실에서 태동했고, 석가의 가르침 또한 헐벗고 굶주리는 당시 서민 대중들의 고통스러운 현실을 바탕으로 탄생했다. 일반성은 개별성에서 나오고 보편성은 특수성에서 나온다. 모든 진리의 본질인 보편성이나 타당성은 갑자기 하늘에서 떨어지는 게 아니다. 그것은 우리 삶을 이루고 있는 현실의 구체성, 개별성, 특수성으로부터 도출되는 것이다. 그러므로 모든 위대한 고전들은 그것이 산출된 시대와 사회의 구체적인 현실을 분석하고 성찰한 고뇌의 결과물이라고 할 수 있는 것이다. 따라서 동시대 현실의 핵심적인 문제를 비켜간 것은 결코 고전의 반열에 들어갈 수가 없다.

셋째, 소설이 미학적으로 완성된 구조적 아름다움을 가지고 있어야 한다. 고전은 1차적으로 예술이다. 소설을 포함한 문학은 언어 예술이라 불린다. 음악이나 미술이 소리나 색채로 이루어지는 예술이라면 문학은 언어로 이루어지는 예술이다.

그러나 문학, 특히 소설은 예술이면서 동시에 예술 아닌 양식을 지향한다. 그 이유는 무엇인가. 가장 중요한 이유는 그 최종 지향점이 다르다는 데 있다. 모든 예술은 궁극적으로 미(美, 아름다움)를 추구하는 것을 그 목적으로 한다. 훌륭한 예술 작품이 성취한 미는 그것을 받아들이는 사람들의 심성을 정화하고 감동을 준다. 사람들은 그것을 위해 많은 시간과 비용을 들여 예술 작품을 수용하고 감상한다.

하지만 문학, 그 중에서도 특히 소설은 예술 작품으로서의 성격과 별도로 또 다른 특성과 기능을 가지고 있다고 볼 수 있다. 같은 문학 안에서도 시와 소설의 장르가 변별되는 경계에 이 문제가 작용한다. 그러면 구체적으로 그 특성과 기능은 무엇을 말하는가. 소설 중에서도 우리가 여기서 이야기하고 있는 근대소설(현대소설)은 전 시대의 중세소설과 현저하게 다른 것을 추구하고 욕망한다. 동서양을 막론하고 중세소설이 그 시대를 안정시키고 지속시키는 교훈적 이데올로기 전수와 확장을 목적으로 하고 있다면, 근대소설은 개인을 존중하고 합리적 이성을 중시하는 근대정신과 의식에 따라 주로 근대인의 삶의 방향과 방식에 대한 성찰 및 모색을 지향한다. 이는 신의 역할이 축소되고 개인의 선택이 그 개인을 결정하는 근대 사회의 특징을 반영한 모습이라 할 수 있다. 그런데 이런 근대소설의 모습은 바로 중세시대에 종교가 수행하던 역할이 아니었던가. 그렇다면 근대소설은 중세시대의 종교나 철학이 수행하던 역할을 이어받은 성격이 있다고 할 수 있는 것이다.

사실이 그렇기는 하지만, 또 이런 점을 두루 인정한다고 해도 소설이 예술의 영역에서 완전히 벗어나는 것이 될 수는 없다. 그렇게 된다면 그것은 소설이 아니라 종교나 철학의 교습 자료에 지나지 않을 것이기 때문이다. 따라서 고전이 되기 위해서는 그 작품 자체가 완성된 구조를 가지고 있어야 한다. 완성된 구조는 아름다움을 성립하는 기본 요건이다. 그것은 또 사람들에게 심리적 안정감과 함께 미적 쾌감을 선사한다. 시작에서 종결에 이르기까지 모자람 없는 요소들이 적재적소에 배치되어 완벽하게 이루어진 구조는 유한하고 불완전한 인간이 유토피아를 갈망하는 것처럼 생명이 있는 한 그 추구를 멈출 수 없는 대상이기도 하다.

위에서 '좋은 소설'이 갖추고 있어야 할 조건을 고전의 성격과 관련하여 세 가지로 간추려 설명하였다. 이밖에도 더 필요한 조건을 추가할 수 있지만 대체로 이 세 가지 조건만 잘 갖추고 있으면 우리는 그 작품을 일단 '좋은 소설'이라고 인정할 수 있다. 또 그런 작품은 안심하고 다른 사람에게 읽도록 추천해도 좋을 것이다.

이것을 뒤집어 생각해 보면 소설을 쓰고자 하는 사람은 모름지기 이런 조건을 잘 살려 써야만 '좋은 소설'을 쓸 수 있다는 것으로 바꾸어 말할 수도 있다. 더 나아가 자신의 작품을 고전의 영역에 올려놓고 싶은 사람들은 그것을 실현할 수 있는 요체가 바로 여기에 있다는 점을 명심할 일이다.

2. 소설을 잘 쓰려면?

 간략히 말해 소설을 쓰고자 하는 사람이 맨 먼저 부딪치는 문제는 '무엇을' 쓸 것인가와 '어떻게' 쓸 것인가 하는 두 가지라고 할 수 있다. 이 문제는 소설을 쓰려는 사람들에게 가장 근본적이면서 동시에 현실적인 고민이기도 한다. 소설 습작을 시작하는 초보자에서부터 평생 동안 소설만 써온 노련한 작가도 결코 이 문제를 비켜갈 수가 없다. 또한 이 문제는 소설가뿐 아니라 시인이나 수필가, 나아가 음악가나 미술가 등 모든 예술가들이 갖는 동일한 고민이기도 하다. 전자(무엇을)가 예술 작품의 내용에 관한 것이라면 후자(어떻게)는 작품의 표현기법이나 미학적인 완성도와 연관되는 것이기에 창조적 작업에 임하는 모든 사람들은 이 두 가지 고민에서 벗어날 수가 없기 때문이다. 이를 앞에서 말한 좋은 소설의 세 가지 조건과 관련해 생각해 보면, 두 번째 것은 '무엇을'에 해당하고, 첫 번째와 세 번째의 것은 '어떻게'에 해당한다고 볼 수 있다.

 '무엇을' 쓸 것인가에 대한 물음에 답을 얻기 위해서는 보통 사람과 다른 몇 가지 노력이 필요하다. 물론 그 답이라는 것이 고정된 정답의 성격을 갖지 않기 때문에 노력의 형태도 일률적으로 말할 수는 없다. 하지만 소설이라는 양식의 글을 쓰려고 할 때에는 그 의도나 지향점이 어느 정도는 한정되어 있으므로 대체로 그 노력의 방향이나 성향을 어렵지 않게 유추해 볼 수 있다.

이에 대해 가장 무난하면서도 쉬운 길은 선배 작가들의 '좋은 작품'을 곱씹으며 그 내용을 상기해 보는 일이다. 그들이 어떤 사회적, 시대적 상황에서 어떤 관심사를 가지고 있었나 하는 고심의 결과가 바로 그들의 작품이다. 따라서 이는 가장 효율적이며 시행착오를 줄일 수 있는 지름길이기도 하다. 하지만 이런 정도의 답은 소설을 처음 쓰려는 사람들에게 하나마나한 이야기일 수도 있다. 현실성이나 구체성이 떨어지는 공소(空疎)한 이야기이기 때문이다.

예전에 글쓰기를 가르칠 때의 내 경험을 되살려 보면, 제목이나 주제를 주고 글을 쓰라 해도 많은 학생들이 무엇을 쓸지 몰라 난감해 하던 모습이 먼저 떠오른다. 그 이유는 어디에 있는가. 글쓰기 훈련이 안 되어 있는 이유가 가장 크겠지만 더 근본적인 것은 사물에 대한 관심의 부족이라고 할 수 있다.

프랑스의 저명한 소설가인 발자크는 거액의 채무자였다. 그는 채권자를 피해 숨어 살면서 소설을 썼는데, 밖에 나가지도 못하고 컴컴한 다락방에 하루 종일 유폐되어 있다시피 하면서도 쓸 것이 너무 많아 고민이라고 말한 바 있다. 그는 현재 자기 눈에 보이는 것만 쓰고자 해도 죽을 때까지 그것을 다 쓰지 못할 것이라고 말했다. 물론 리얼리즘의 선구적 실천자로서 사물의 미세하고 섬세한 관찰과 객관적 묘사를 생명으로 하는 글쓰기의 특성이 감안된 발언이긴 하지만, 쓸 것이 없다고 불평하는 사람들에겐 자신의 관찰 능력의 미흡과 관심의 부족을 되돌아보게 하는 무서운 가르침을 담은 말이기도 하다. 글 쓰는 과정은 게으르게 해도 괜찮지만 그 준비와 태도가 나태해서는 결코 좋은 글을 쓸 수 없다.

비슷한 예를 하나만 더 들어 보기로 한다. 대하소설 "토지"를 쓴 박경리 선생은 어느 인터뷰에서 이런 말을 한 바 있다. "나는 길 가에 아무렇게나 굴러다니는 돌멩이 하나만 가지고도 장편소설 한 권을 쓸 수 있다." 쓸 것이 없다고 불평하는 사람들이 들으면 이 얼마나 몸을 전율하게 하는 무서운 말인가. 소설가들에게는 그만한 상상력과 그것을 풀어내는 힘이 필요하다. 이것만 있으면 쓸 것이 없다는 고민은 저절로 해소되고도 남을 것이다.

서양 어떤 학자는 문학 작품 창작 원리를 설명하면서 '사물과의 결혼'이란 비유적 표현을 사용한 바 있다. 결혼하기 전에는 남이었던 배우자가 결혼 후 내 삶을 규정하는 사람으로 바뀌는 것처럼 꽃이나 나무, 새, 돌멩이들이 나와 결혼을 하게 되면 완전히 전과 다른 나와의 새로운 관계가 생성된다. 이렇게 되면 그 사물들의 의미가 달라지며, 나아가 그것들은 이전과 달리 새롭게 재탄생한다. 이런 변화는 사물에 대한 따뜻한 관심과 애정에서 비롯되는 것임은 두말 할 필요가 없다.

다시 말하건대 '좋은 소설'을 잘 쓰려면 그 대상이 되는 인생과 현실에 대해 따스한 애정과 철저한 관심을 가지고 임해야 한다. 마치 결혼한 것처럼 그 대상에 대해 깊은 애정과 절절한 관심을 기울여야 한다. 주변에 있는 가족, 친구에서부터 저 멀리 아프리카의 굶주리는 어린이, 강대국의 신무기 시험용으로 희생되는 사람들에 이르기까지 관심을 끈을 늦추어서는 안 된다. 또

좋은 소설 잘 쓰기

한 반세기가 넘는 민족의 분단, 지역과 이념의 갈등, 빈부 격차와 양극화, 세대 간 갈등, 비정규직, 환경오염, 소시얼 미디어 희생자 등등 우리 현실이 안고 있는 불화, 모순, 불합리 등에 대해 세심한 관찰과 애정과 성찰이 필요하다. 요즘 시대를 기준으로 한다면 이런 문제를 다루는 작품만이 '좋은 소설'의 요건을 가질 수 있다. 시중에서 많이 팔리는 작품들이 가진 장점도 있지만, 몰역사(沒歷史), 몰시간성(沒時間性)의 그 작품들은 생명력도 길지 않을 뿐 아니라 오히려 독자들에게 건전한 현실감각을 마비시키는 악영향도 미치고 있음을 명심할 일이다.

다음으로 '어떻게' 쓸 것인가에 대해 생각해 보기로 한다. 이 문제는 앞에서 본 바와 같이 정확하고 아름다운 모어 구사와 미학적 완성도에 관한 것이다.

앞서 소설 쓰는 사람은 모어(母語) 전문가라고 말했다. 전문가가 되려면 남다른 노력이 필수적이다. 먼저 어휘를 많이 익혀야 한다. 그런데 어휘를 익히기 위해 국어사전을 펴놓고 단어를 하나씩 외워야 하는 것은 아니다. 그것이 지름길이기는 하지만 좋은 방법은 아니다. 예를 하나 들어보자. 5, 60년대에 많은 작품을 썼던 오유권이라는 소설가는 국졸 학력으로 초등학교 청부일을 하면서 소설 창작 공부를 했다. 그는 급사 일을 하던 시절은 물론 군대 생활을 하면서도 너덜너덜해진 국어사전을 노트에 베끼면서 어휘 공부를 했다고 한다. 그 실력으로 그는 뛰어난 농촌 소설을 여러 편 남겼다. 그러나 지금은 온라인으로 활용할 수 있는 어휘 사전들이 우리 손앞에 널려 있다. 비슷한 말, 반대말

사전은 말할 것도 없고, 글쓰기에 필요한 어휘 분류 사전, 고유어 사전, 상소리 사전, 변말 사전 등이 손만 까딱하면 내 앞에 펼쳐진다. 문제는 노력을 안 하는 것이다. 예전처럼 사전을 베낄 필요가 없는 시대가 되었음에도 사전을 활용하려는 생각도 않고 수고도 하지 않는다. 게으름 때문이다. 찾으면 금세 나오는데, 하는 안이함 때문이다. 이래가지고는 절대 어휘가 늘지 않는다. 어휘가 늘지 않으면 좋은 글을 쓸 수 없다.

나는 종종 다른 사람들이 쓴 작품을 심사할 때가 있다. 그때마다 어휘력이 부족한 상태에서 쓴 글을 대하며 안타까움을 느끼곤 한다. 비슷한 말, 반대말을 알지 못해 어휘가 중복되거나 정확한 표현이 되지 못한 경우도 많다. 요즘 학교 교육과정에서 독해 중심의 국어 교육으로 인해 어휘 공부가 소홀해서 생긴 현상이다.

어휘력을 늘리고 활용 능력을 키우는 데는 다양한 종류의 글을 많이 읽는 것이 제일 좋은 방법이다. 독립적으로 존재하는 단어 하나하나는 언어의 시체와 다름없다. 그런 면에서 보면 국어사전은 어휘의 공동묘지라 할 수 있다. 이 공동묘지의 시체를 불러내 거기에 숨을 불어넣어 부활시키는 전문가가 시인이나 소설가들이다. 어휘가 생명을 얻으려면 반드시 문장 가운데서 그 역할이 주어져야 하기 때문이다. 이처럼 문학 작품을 창작하는 일은 죽은 어휘를 되살려내는 일이다. 따라서 사전 속의 어휘를 불러내 아름다운 문장을 만들어내는 시인이나 소설가들은 그 어휘에 생명을 불어넣어 되살려내는 마술사와 같다.

좋은 소설 잘 쓰기

이런 원리를 상기해 보면 생생하게 살아 있는 어휘를 익히는 데는 좋은 글을 많이 읽는 게 지름길이라는 걸 금세 이해하게 될 것이다. 여기에 여러 사전을 많이 활용하면 금상첨화가 될 것이다. 요즘 학생들은 다른 언어 공부에는 사전 활용이 필수적이라 생각하면서 정작 우리말 공부에는 사전을 등한시한다. 글을 읽다가 뜻을 모르는 말이 나와도 문맥이나 맥락으로 짐작하고 그냥 넘어간다. 이런 자세로는 어휘력이 늘 리가 없다. 사전을 찾고, 중요한 것은 기록해 두고, 예문을 만들어 보고, 이런 과정에서 어휘력이 늘어나고 활용 능력이 증진된다. 좋은 글을 쓰려는 사람들에게 내가 찾은 말, 나만의 국어사전을 만드는 노력을 꼭 권유하고 싶다.

다음으로 생각해 볼 것은 미학적 완성도인데, 소설 창작에서 그것을 높이는 방법은 따로 왕도나 비결이 있을 수 없다. 명작을 남긴 많은 작가들도 이를 생생하게 증언하고 있다. 결국 이것은 수많은 시행착오를 겪으면서 스스로 터득하는 도리밖에 없다. 시행착오를 겪어야 한다는 것은 많은 경험을 해야 한다는 말과 다름없다. 실패도 교훈이고 스승이 될 수 있다는 말이 있다. 실패를 두려워하지 않고 소설 창작 연습을 하다 보면 그 과정에서 조금씩 터득되는 게 있을 것이다. 처음부터 완전한 구조의 소설을 쓰겠다는 것은 헛된 욕심이거나 만용이다. 용기는 소중한 것이지만 모든 용기가 다 그런 것은 아니다. 다만 구조적 완성도를 높이는 것은 일종의 기교이기도 하기 때문에 선배 작가들의 경험적 가르침을 참고할 수는 있을 것이다.

소설에서 구조적 완성도, 미학적 아름다움이란 대부분 플롯의 짜임 및 그 전개와 관련된다. 소설의 플롯 또는 담론은 무질서를 질서로 바꾸는 새로운 질서의 창조를 말한다. 소설의 재료가 되는 인생이나 현실은 혼돈이고 또 우연의 덩어리다. 이것을 필연과 질서의 체계로 전환시키는 작업이 바로 플롯을 만드는 일이다. 따라서 플롯을 만드는 일은 소설 창작 그 자체이며 창조적인 성격을 갖는다. 같은 재료를 가지고 김치를 담가도 집집마다 맛이 다르듯이 같은 재료를 가지고 소설을 써도 같은 작품이 하나도 없는 이유는 플롯의 차이에 있다. 러시아 형식주의자들은 파블라(이야기)를 말하는 방법은 하나밖에 없지만 슈제(플롯)을 말하는 방법은 수백만 가지나 된다고 했다. 남녀 간의 모든 연애 이야기는 동서고금을 통틀어 하나로 통일할 수 있는데도 서로 다른 무수한 연애 소설이 존재하는 이유가 여기에 있다. 연애소설 "춘향전"은 이 세상에 유일무이한 예술 작품이다. 그것은 이야기가 아니라 플롯이 다르기 때문에 성립할 수 있는 일이다.

동일한 재료를 가지고 독창적인 작품을 만드는 일이 플롯의 차이에 있다면 이 차이를 만들기 위해 어떤 노력이 필요할까. 먼저 현실과 인생을 바라보는 자신만의 독특한 시각과 관점을 만들 필요가 있다. 이를 다른 말로 바꾸면 인생관이나 세계관과 관련된다. 제대로 된 인생관과 세계관을 확보하기 위해서는 인생과 사회를 바라보는 다양한 시각과 인식의 토대가 필요하다. 이것은 철학이나 역사 공부의 뒷받침이 없으면 불가능하다. 따라서 소설을 쓰고자 하는 사람은 마땅히 철학과 역사 공부에 매진해야 한다. 가장 이상적인 고전의 성격을 '문사철(文史哲)' 통합의 글이라고 규정하는 분도 있는데, 고전의 반열에 들어가는 동서양의 소설들이 대부분 문학이면서 동시에 철학과 역사를 통합한 내용임을 돌이켜볼 때, 역사와 철학 공부를 게을리 하는 소설가는 결코 좋은 작품을 쓸 수 없다는 말이 허언(虛言)이 아님을 충분히 납득하리라 생각한다.

이상으로 거칠게 '좋은 소설'을 '잘 쓰기' 위해 '무엇을' '어떻게' 해야 하는가에 대해 소설 창작 경험을 바탕으로 내 생각을 간략하게 말했다. 그러나 마무리를 하는 순간에도 여전히 미진한 느낌이 많이 남는다. 과연 이런 이야기가 소설 창작을 하려는 사람들에게 무슨 도움이 될 수 있을까 하는 회의가 들기도 한다. 솔직하게 말하면 이 문제에 대한 정답은 없다는 게 바로 정답이다. 세상에 무수한 감기약이 있지만 진짜 감기약은 하나도 없는 것처럼 소설 창작에 관한 그럴 듯한 이야기들은 있으나 없으나 마찬가지인 셈이다. 이 글도 그런 글의 하나가 될 가능성이 농후하다.

끝으로 대학에서 여러 해 소설론에 관한 강의를 하면서, 학생들이 매우 부담스러워 했던 소설 창작 과제를 부과할 때 학생들에게 했던 말 한 마디를 덧붙이며 글을 맺고자 한다. '소설 이론이나 창작에 관한 이야기를 백 번 듣는 것보다 서툴지만 소설을 한 편 써 보는 것이 소설을 가장 잘 아는 지름길이다. 사과에 대해 이론적으로 복잡하게 배우는 것보다 사과를 구해 직접 한번 먹어보는 것이 사과를 아는 가장 효과적이고 좋은 방법인 것처럼.' 이 말을 처음 들었을 때 잘 실감하지 못했던 학생들이 소설 쓰기 과제를 끝낸 후 비로소 내 말을 온전히 이해하게 되었다고 고백하는 말을 여러 차례 들은 바 있다. 춘원 이광수의 유명한 일화가 있다. 소설 쓰는 방법을 물으러 온 청년에게 그는 원고지 만 장의 소설을 쓰고 다시 오라고 했다. 원고지 만 장이면 백 장짜리 단편소설 백 편이다. 백 편의 소설을 써 본 사람은 더 이상 소설 쓰는 방법을 묻거나 배울 필요가 없는 전문가가 되어 있을 것이다. 그렇다. 소설 창작에 비법이나 왕도는 없다. 그래서 나는 소설을 쓰려는 사람들에게 간곡하게 권하고 싶다. 이런 소설 창작에 관한 이론에 관한 글을 읽기보다는 지금 당장 원고지를 꺼내 놓고, 또는 컴퓨터를 켜고 소설을 쓰기를 시작해 보라고. 그것만이 앞에 제시한 문제에 대한 유일한 정답이자 해결책이기 때문이다.(*)

모더니즘 시운동의 겉과 속

민병기 · 창원대 국문과 명예교수

머리말 : 모더니즘 시운동의 특징

1. 정지용의 선구적 업적
   1-1. 변형된 시어 활용
   1-2. 변형 묘사 구사

2. 편석촌의 평론과 시
   2-1. 현해탄을 건넌 나비

3. 석정시의 양면성
   3-1. 반어적 목가시
   3-2. 참여시의 선구자

4. 자유시와 시조형
   4-1. 미당의 시조형
   4-2. 청록파의 시조형

* 머리말 : 모더니즘 시운동의 특징

모더니즘은 1930년대 한국 현대시사에서 중요시되는 비평용어이다. 당시 김기림과 최재서 같은 비평가들이 영미시론을 한국에 소개하는 과정에서 이 말이 비평어로 굳어졌다. 이후 그것이 30년대 한국 시단의 경향을 대표하는 핵심어로 현대 문학사에서 중요하게 다루어졌다.

다다·슈르레알이즘이나 이미지즘·주지주의 등이 내포된 모호한 개념으로 모더니즘이란 말이 쓰였다. 2차 세계대전으로 엄청난 인명 피해가 발생하자, 과학문명을 비판하는 지식인들의 사상운동과 기존의 모든 가치관을 부정하는 극단적인 반시운동이 유럽에서 일어났다.

그러나 1930년대 한국 시인들은 서구의 이 시운동의 영향을 직접 받지 않았다. 더욱이 당시 한국 모더니스트들은 공동 선언문을 발표하거나 동인지를 발간하지 않았다. 그들이 개별적으로 시편들을 발표했는데, 그것을 당시 평론가들이 집단적 시운동으로 언급했다.

이 운동을 주도했던 편석촌 김기림의 편론문에 그 사실이 잘 드러난다. "조선에서 모더니즘은 집단적 시운동의 모양을 갖지 못했다."(김기림, 『시론』, 백양당, 1947. 76쪽)라고, 그는 지적했다. 따라서 이 운동에 참여한 시인들의 수가 일정하지 않고, 시의 경향도 유사하지 않았다.

예를 들면, 그들 중에 특히 이상(李箱)과 신석정의 시 경향은 판이하게 달랐다. 이상의 연작시 「오감도」엔 숫자와 기호와 도표 등이 많이 나온다. 언어를 파괴해서, 시로 볼 수 없는 것들이 많았다. 따라서 발표 당시에 그것들은 독자들의 맹비난을 받았다.

하지만 시단에서 그것들이 모더니즘 시운동의 대표적인 성과로 높은 평가를 받았다. 이후 그 현상은 현대시가 난해해지는 계기가 되었다. 「오감도」와 영시 모방 시편으로 알려진 김기림의 대표작 「기상도」는 시 전통을 거역했지, 그것들 속에 새롭게 발전할 시적 요인은 없었다.

당시 시단의 주목을 받은 그것들에 대한 독자층의 반응은 냉담보다 심한 반발이었다. 그 때문에 김기림은 당시 전통적 서정시인들 중에서 이미저리 묘사력이 탁월했던 정지용과 신석정과 김광균 등을 모더니즘 시인군에 포함시켜 함께 언급했다.

신석정은 초기에 향촌을 아름다운 이미저리로 잘 묘사한 우수한 목가적 시편들을 많이 발표했다. 애독성이 높은 그 편들은 당시 독자층 반응이 좋았다. 따라서 그것들은 이후 후진 시인들에게 많은 영향을 끼쳤다. 그런 점에서 이상과 신석정의 시적 특징과 가치는 대조적이다.

그들이 모두 1930년대 모더니즘 시인군에 포함된 사실로, 이 시운동에 정체성이 없음이 분명히 드러난다. 이 운동의 외연적 목표는 한국시의 서구적 현대화였지만, 그 내연적 특징은 정체성 부재였다. 당시 모더니즘 시운동을 주도한 해외 유학파들이 자유시만을 시로 여겼다.

육당이 창간한 『소년』지가 발단이 되어, 자유시가 현대시의 대명사로 쓰이는 현상이 이 시운동으로 더욱 심화되었다. 따라서 현대시에서 시조가 제외되어 현대시가 시·시조로 양분됐고, 시와 시조단이 분리되는 결정적 계기가 되었다.

하지만 이 모더니즘 시운동의 대표적 시인으로 잘 알려진 정지용은 시와 시조를 함께 발표하며 등단했다. 더욱이 그가 납북되기 전에 남한에서 최후로 발표한 작품들도 시·시조였다. 더욱이 그의 후기 시집 백록담엔 산수시인 단시(短詩) 편들이 많다. 그것들의 특징이 시조와 유사한 시조형이었다.

1. 정지용의 선구적 업적

20세기 초부터 많은 시인들이 한글로 현대시를 썼다. 그 중에 누가 후대에 국민적 시인이 될까. 당대 독자층의 반향은 좋았지만, 곧 잊혀진 시인들이 많다. 그와 달리 한국인의 긍지로, 우리 민족의 기억에 영원히 살아남을 국민적 시인은 누가 될까.

그 후보 시인들 중에 애독성이 높아 많이 연구되는 대표 시인으로 소월과 지용은 갑장(甲長)이다. 그들은 1920·30년대를 각각 대표하는 시인으로 높은 평가를 받았다. 또 학계에서 가장 많이 연구되는 대표적인 시인들이다. 더욱이 이들의 시편들은 노래로 많이 불린다.

따라서 그들은 20세기 대표 시인으로, 후대에 한국의 국민적 시인이 될 가능성이 가장 높다. 하지만 이들의 시적 경향은 정반대이다. 소월은 자신의 감정과 생각을 표출하는 의미 진술의 시편들을 많이 발표했다. 이것들이 1920년대 감상적 낭만시에 속한다.

그러나 30년대 주류인 모더니즘 시의 특징은 화자가 숨어있는 대상묘사의 시편들이다. 이렇게 현대시는 <자아표출의 시>에서 <대상묘사의 시>로 발전했다. 그 변화의 주역이 바로 지용이다. 그의 시편들에 변형된 시어들이 많이 나오고, 변형묘사 기법이 활용되었다.

1-1. 변형된 시어 활용

넓은 벌 동쪽 끝으로
옛 이야기 지즐대는 실개천이 휘돌아 나가고,
얼룩백이 황소가

해설피 금빛 게으른 울음을 우는 곳,
-그 곳이 참하 꿈엔들 잊힐리야.
'정지용의 「향수」'

이 후렴구의 핵심어가 '꿈엔들'이다. 이것은 '꿈에서인들'의 축약어이다. 참신한 이 시어로 그 편이 널리 애송되었다. 그만큼 시어의 참신성은 중요하다. 시어들을 참신하게 축약·변형시키는 그의 탁월한 솜씨로 그는 당시 높은 평가를 받았다. 그 솜씨가 가장 빛나는 것이 '해설피'이다.

변형도가 높은 시어일수록 그 해독이 어렵다. 그의 시어 변형 특징에 맞추어야 독해가 가능해진다. 그렇지 않으면 연구자들이 오류를 범하기가 쉽다. 위에 인용된 시편에서 가장 난해한 시어 '해설피'가 일반 독자층에게 올바로 알려지지 않았다.

문덕수가 '해설피'를 '해'와 '설핏하다'의 결합으로 보는 오독에서 시작되었다.2) 그 견해가 이승훈 교수의 해석으로 이어졌다.3) 김재홍 교수 역시 '해질 무렵'이라고 설명했다.4) '해가 설핏한 무렵'(유종호)과 '해 빛이 약해진 해질 무렵'(김학동)과 '헤피 슬피'(민병기) 등으로 최동호 교수가 요약 정리했다.5)

모두 붙어있는 시어 '해설피'를 '해'와 '설핏하다'로 분리시킨

---

2) 문덕수, 『현대시의 해석과 감상』(이우출판사,1982),109쪽.
3) 이승훈, 『한국 대표시 해설』(탑출판사, 1993), P.118.
4) 김재홍 편저, 『시어사전』, (고려대학교 출판부,1997), P.1069
5) 최동호 편저, 『정지용 사전』, 고려대학교 출판부, 2003

문법적 근거를 제시하지 못한 것이 이 기존 견해들 허점이다. '해'와 '설피'가 떨어졌다면, 해질 무렵이란 확대 해석이 가능하다. 하지만 하나로 붙어 있는 '해설피'와 '해가 설핏하다'는 무관한 표현이다.

더욱이 지용은 「九成洞」에서 "산그림자 설핏하면"이라고,6) 그 단어를 정확하게 구사했다. '해설피'가 '황소' 다음에 있으니, 그것이 독립어가 아니고, 부사어(헤피슬피)의 줄인 말이라고 김경동은 정확하게 주장했다.7) 그 주장이 표준어를 참신한 시어로 축약시키는 지용의 시어구법과 일치한다.

'해설피'는 '헤피슬피'의 축약형 부사어로 다음에 나오는 '울다'를 수식한다. 축약된 근거는 다음에 예시된 지용의 많은 변형어들이다.8) 지용은 표준어들을 다음과 같이 독특하게 변형시켜 자신의 개성적인 시어들로 활용했다.

'허전히(표준어)'가 '하잔히(변형어)'로 변한 것처럼 '어쩌지(어짜지)'와 '흐릿하게(하릿하게)'와 '얼굴(얼골)'과 '한나절(한나잘)'과 '퍼진(포진)'과 '조촐히(초찰히)'와 '모처럼만에(모초롬만에)' 등에서 괄호속 단어들은 모두 지용의 독특한 변형어들이다.

위에 열거된 표준어들의 음성 음절들이 괄호 속처럼 양성 을절들로 변했다. 그것이 지용의 독특한 변형시어들에 나타나는 특

---

6) 정지용, 『백록담』 (문장사, 1941), 21 쪽.
7) 김경동, 「1930년대 韓國 現代詩의 감각 지향성 硏究」, 고려대대학원, 2005
8) 민병기, 「지용시의 변형 시어와 묘사」, 『한국시학연구. 6』 한국시학회, 2002, p.61

징이다. 양성모음들은 음성모음보다 밝고 작고 예리한 느낌을 준다. 이를 잘 활용하여 자신이 변형시킨 시어들의 참신한 효과를 잘 살렸다.

예를 들면 표준어 '헤설피(헤피+슬피)보다 그 변형어 '해설피'가 더 예리하고 참신한 느낌을 준다. 따라서 그가 시어구사의 마술사로 높은 평가를 받았다.

『지용 시선』 판에만 있는 '성긴'(드물다)은 '석근'의 오기이다.9) 이 때문에 틀린 해석이 널리 유포되었다.10) 올바른 표기는 '석근'이다. 그 변형과정은 <섞인→석긴→석근>이다. 중성모음 교체 현상으로 '석긴'이 '석근'으로 변했다.

"하늘에는 석근 별"이란 밤하늘엔 크고 작은 별들이 무수히 뒤섞인 모양이다. 그 의미는 다음 시행 "알 수도 없는 모래성으로 발을 옮기고"와 잘 호응된다. '발을 옮기고'의 주체는 별빛이다. 즉 무수한 별들의 빛이 모래성과 잘 조화를 이룬다.

1-2 변형 묘사 구사

1930년대에 지용은 오랜 외지생활을 끝내고 귀국했다. 이후

---

9) 『조선지광』65호(1927. 3.)과 『정지용시집』(시문학사, 1935), 41쪽엔 '석근 별'이다. 『지용 시선』(을유문화사, 1946. 6), 22쪽의 '성긴 별'은 오기이다.
10) 문덕수. 『현대시의 해석과 감상』(이우출판사. 1982), 109쪽.

그는 시인이며 교사로 안정된 사회생활을 시작했다. 이때부터 그의 시 기법과 주제가 변했다. 특히 시기법 상의 변모가 두드러지게 나타난다. 화자의 감정표출이 절제되고, 대상묘사의 기법적 변화가 나타난다.

    난초닢은/ 차라리 수묵색//
    난초잎에/ 엷은 안개와 꿈이 오다.//
    蘭草닢은/ 한밤에 여는 담은 입술이 있다.//
    蘭草닢은/ 별빛에 눈떴다 돌아눕다.//
    난초잎에/ 드러난 팔구비를 어찌지 못한다.//
    난초닢에/ 적은 바람이 오다.//
    난초잎은/ 칩다.   ----「蘭草」全文

시행(/)과 연(//) 표시로 원래 시편이 위와 같이 압축되었다. 이 시에 대상묘사의 기법이 나타난다. 난초에 대한 묘사가 변형묘사이 기법으로 일관된다. 시의 화자와 난초가 하나로 통합된 것이 그 기법의 특징이다. 시인의 눈길보다 대상의 시각에서 묘사되는 것이 변형묘사의 특징이다.

난초의 입술과 팔구비와 눈뜨는 동작처럼 그 미세한 동작은 실제로 사림의 눈에 보이지 않는다. 이처럼 시인의 눈에 띄는 대상과 달리, 안 보이는 모습으로 바꾸어 그가 묘사하는 것이 변형묘사의 특징이다.

시인이 대상들을 보이는 대로 묘사하는 기법이 사실묘사이다. 반면 그 상을 보이지 않는 이미저리의 마디들로 바꾸어 묘사하는 것이 변형묘사이다. 이것이 '낯설게 하기(전경화(前景化)' 이미 널리 알려졌다. 하지만 한국어로 그 말보다 '변형묘사'가 더 적합하다. 이 기법의 대표적인 시편이 다음 『바다 9』이다.

> 바다는 뿔뿔이/ 달어 날랴고 했다.//
> 푸른 도마뱀떼 같이/ 재재발렀다.//
> 꼬리가 이루/ 잡히지 않았다.   ---「바다」 1-3연

6행(/) 3연(//)으로 축약된 위에서 밀물의 거센 파도가 묘사되었다. 세찬 물살이 바위에 부딪치면 물이랑이 된다. 지용의 눈에 보이는 것은 바위 사이로 굽이져 흩어지는 파도이다. 하지만 그것을 꿈틀거리는 뱀떼로 변형시켜 그는 묘사했다. 눈에 보이는 바다 물결을 안 보이는 뱀떼로 바꾸어 묘사했다. 그래서 '재재발렀다'와 '꼬리가 이루/ 잡히지 않았다.'로 변형묘사했다.

보이는 대상인 바다 물살들을 안 보이는 뱀떼로 바꾸어 묘사하는 기법이 바로 변형묘사의 특징이다. 그 특징은 다음 연에서 더욱 구체적으로 나타난다.

> 흰 발톱에 찢긴/ 산호보다 붉고 슬픈 생채기!//
> 가까스루 몰아다 부치고/ 변죽을 둘러 손질하여 물기를 시쳤다.//
> 이 앨쓴 해도에/ 손을 싯고 떼었다.//   --「바다」 4-6연

4연부터 이미저리의 마디가 바뀌었다. 이미지들이 모여 이미저

리 마디들을 이룬다. 이 기본 단위 단어(이미지)이고, 그것들이 모여 이미저리의 1마디를 이룬다. "흰 발톱에 찢긴/ 산호보다 붉고 슬픈 생채기!"는 이미저리의 1마디이고, 그 핵심 이미지(단어)는 '생채기'이다.

이 시편에서 첫 이미저리 마디의 핵심 이미지가 '도마뱀'이다. 둘째 이미저리 마디의 핵심 이미지는 '생채기'이다. 이에 감탄부호를 치며, 지용은 '생채기'를 강조했다. 여기서 지용은 무엇을 '생채기'로 변형했을까.

4연에서 '흰 발톱'은 거센 물살을 뜻한다. 그 파도에 찢겨 생긴 붉은 상처는 무엇인가. 그것은 1930년대 한국 백사장에서 흔하게 보이던 토종 빨강불가사리의 시체이다. 별처럼 5각으로 온 몸이 갈라진 붉은 편형동물이 빨강불가사리이다.

그것은 매우 느리게 움직여, 썰물 때 갯벌이나 백사장에 붉은 시체들이 잘 보인다.11) 해변에서 흔하게 보이는 빨강불가사리의 시체를 안 보이는 '붉고 슬픈 생채기'로 지용은 변형묘사했다. 그렇게 해석하면 다음 연 둘과 의미상 연결이 잘 된다.

5연 "까스루 몰아다 부치고"에서 몰아 부친 주체는 물결이고, 몰린 대상은 4연의 '붉고 슬픈 생채기'로 묘사된 5각진 빵강불가사리 시체이다. "변죽을 둘러 손질하여 물기를 시쳤다."에서 '변

---

11) 불가사리(不可殺伊)는 팔다리나 몸통이 잘리면 부활하는 재생력이 강한 극피동물로, 백 여종이 한국해에 산다. 토종 5각 빨강불가사리는 시체나 유기물을 먹는 바다 청소부들이다.(박수현, [바다생물 이름풀이사전], 2009년)

죽'은 사물의 끝부분이다. 시체의 끝부터 바닷물이 마르는 상태를 '물기를 시쳤다'로 그는 묘사했다.

6연 "이 앨쓴 해도에"에서 '이'는 앞에 나온 것을 지적하는 대명사이니, 따라서 그것은 '생채기'(붉은 시체)와 깊은 관계가 있다. '앨쓴'은 '애를 쓴'의 축약된 변형어이다. 거센 밀물에 떠밀려 온 그 시체들이 많음을 '앨쓴'(애를 쓴)으로 강조했다. 따라서 파도에 밀려온 붉은 시체들이 있는 백사장(흰 도화지)을 해도海圖(흰 도화지에 별처럼 갈라진 빨강불사리 시체가 그려진 그림)로 변형묘사를 했다. '손을 씻고 떼었다'에서 '손'은 바다물결이다. 썰물때엔 물결이 백사장에서 모두 빠진 상태이니, 바다가 '손을 씻고 떼었다'라고 변형 묘사했다.

   찰찰 넘치도록
   돌돌 굴르도록

   회동그란히 바쳐 들었다.
   地球는 蓮닢인양 옴으라들고...... 퍼고......
   ----「바다」 7-8연

7연 "찰찰 넘치도록/ 돌돌 굴르도록"은 썰물때 바닷물이 멀리 빠진 상태의 바다 묘사이다. 화자와 바닷물이 멀리 떨어진 것은 강조하려고, 그는 잔잔한 파도소리를 '찰찰'·'돌돌'이란 소리 이미지로 변형묘사했다.

8연의 '회동그란히'는 회동그랗다(모양이나 차림새가 가든하다는 뜻)의 부사형으로 '가볍게'란 뜻이다. 썰물이 빠지면 백사장이 넓게 보인다. 그 뒤로 보이는 잔잔한 바다물결을, 지용은 '가볍게 들린' 것으로 변형묘사했다.

"지구는 연닢인양 옴으라들고……펴고……"에서 '지구'는 육지(백사장)를 의미한다. 둥근 만(灣)의 해변 백사장을 연잎으로 바꾸어 변형묘사 했다. 썰물의 바닷물이 많이 들어오니, 백사장은 좁아진다. 따라서 '옴으라들고'라고 묘사했다. 또 썰물 때엔 그것이 넓어지니, '펴고'라고 변형묘사를 했다.

밀·썰물에 따라 해변의 백사장이 좁아졌다 다시 넓어지는 것을 반복한다. 그것을 "지구는 연닢인양 옴으라들고……펴고……"라고 그는 변형묘사 했다. 반복을 강조하기 위하여, 그는 시의 끝에 점들을 많이 쳤다. 그처럼 표현이 정밀하다.

지용은 보이는 해변의 모습을 안 보이는 이미저리 3마디로 바꾸는 변형묘사의 기법을 활용하여 이 시편을 완성했다. 그 기법으로 한글시로 완성시켜, 그는 높은 평가를 받을 수 있었다. 그는 사실적 대상묘사보다 변형묘사를 구사했다.

눈에 보이는 대로 대상들은 묘사하지 않고, 보이지 않는 이미저리로 시적 대상들을 변형시켜 묘사하는 기법을 활용했다. 따라서 그는 변형묘사 기법을 한국 현대시에 정착시키는 데 크게 기여했다.

그 대표적인 시편이 <바다>이다. 이 기법이 후기 산수시에서 더욱 심화·발전된다. 그의 후기 시편은 2행 단시와 산문시형으로 양분된다. 또 그의 시적 특징은 변형된 시어 선택의 개성화와 변형묘사이다. 대상을 보이는 것과 다르게 변형시키는 것이 변형묘사의 기법이다. 변형어들 선택과 변형묘사 구사 그리고 단시와 산문시형의 개성화가 그의 시적 특성이다.

2. 김기림의 평론과 시

편석촌은 한국시의 근대화를 위하여 모든 열정을 쏟았다. 그는 당시 한국 시인들을 '반도의 개구리'로 표현했다. 이를 극복하기 위하여, 그는 치열하게 노력했다. 그 노력은 한국시에 지성을 도입하여 현대시 장르를 완성시키는 작업으로 집약된다. 이를 실천하려고, 그는 영미시론을 한국에 소개하여 문단에 자극을 주었다.

과거 시의 비애적 감상성을 극복하기 위하여, 시의 명랑·건강성과 참신성을 분명하게 주장했다. 또 이를 자신의 詩作에 반영했다. 그는 시 「일요행진곡」에서 일부 시행들을 독특하게 배치했다. 이것은 시각적 효과를 잘 살린 그의 유명한 시편이다. 일요일의 해방감과 유쾌함을 표현하기 위해, 그는 시행들을 율동적으로 배치하여 회화적 효과를 노렸다. 행진곡의 리듬감을 살려 일요일을 재치 있게 의인화했다. 더욱이 자신의 시론에서 누차 강조했던 시의 명랑성이 잘 살린 작품이다. 이러한 명랑·건강성은 다음 시에서 더 뚜렷하게 드러난다.

> 비눌
> 돛인
> 해협은
> 배암의 잔등
> 처럼 살아났고
> 아롱진 「아라비아」의 의상을 둘른 젊은 산맥들.
>
> 바람은 바다ㅅ가에 「사라센」의 비단폭처럼 미끄러웁고
> 오만한 풍경은 바로 오전 7시의 절정에 가로누엇다.
>
> 헐덕이는 들우에
> 늙은 향수를 뿌리는
> 교당의 녹쓰른 종소리
> 송아지들은 들로 돌아가렴으나
> 아가씨는 바다에 밀려가는 輪船을 오늘도 바래보냇다.
> ---「세계의 아츰」

　바다의 심상들이 참신·선명하게 살아나는 시편이다. 역시 시행들의 배치가 독특하다. 배가 바다로 나갈수록 시계視界가 더욱 확대되는 현상을 시에 반영했다. 시행들을 갈수록 길게 처리했다. 더욱이 '잔등/ 처럼'으로 두 행으로 처리했다. 이렇게 그는 행의 길이에 유달리 신경을 썼다.
　더욱이 물이랑이 출렁거리는 동적 이미지를 효과적으로 표현

하기 위해, 그는 의도적으로 행의 장단과 완급을 조절했다. 또 파도의 율동감을 배암의 이미지나 '아라비아'의 의상으로 전환시킨 착상은 상당히 참신하다. 그런 발상으로 이미지가 생동적 제시되었다. 또 그 이미저리가 특별한 관념을 초월한 시각적 효과를 얻고 있다.

  「넥타이」를 한 흰 식인종은
  「니그로」의 요리가 칠면조보다도 좋답니다.
  살갗을 희게 하는 검은 고기의 위력
  「콜베르」씨의 처방입니다.
  「헬메트」를 쓴 피서객들은
  난잡한 전쟁경기에 열중했습니다.
  슾은 독창가의 심판의 호각소리
  너무 흥분하였으므로
  내복만 입은 파씨스트
  그러나 이태리에서는
  설사제는 극약이랍니다.
  필경 양복입는 법을 배워낸
  송미령 여사
  「아메리카」에서는
  여자들은 모두 해수욕을 갔으므로
  빈 집에서는 망향가를 부르는
  「니그로」와 생쥐가 둘도 없는 동무가 되었습니다.
    —— <시민행렬> 일부

시인은 이 시에 이미지들을 상당히 혼란스럽게 병치했다. 우선 등장하는 인물들이 복잡하다. 식인종과 니그로와 '콜베르'씨와 파씨스트와 송미령 등 그 인종이 다양하다. 또 칠면조와 생쥐도 등장한다. 이렇게 잡다한 인물과 사물의 이미지가 병치되어 있어, 이 시는 독자들을 당황하게 만든다. 인물과 사물들의 당돌한 배치로, 그 심상들 사이의 단절감을 강조했다. 이렇게 현대사회가 지닌 부조리와 정치적 모순성을 풍자했다.

인용된 시편 처음의 2행 '넥타이를 한 흰 식인종은/ 니그로의 요리가 칠면조보다 좋다.'에서 백인들이 흑인을 노예로 삼고, 그들을 탄압·착취하는 실상을 야유했다. 그런 점에서 시인의 사회비판 정신이 강하게 반영되어 있다. 또 제복을 입지 않고 내복만 입은 파시스트를 등장시켜 군국주의를 비판했다.

편석촌은 중국의 사이비 근대화 현상을 꼬집기 위해, 이 시엔 송미령을 등장시켰다. 또 "「아메리카」에서는/ 여자들은 모두 해수욕을 갔으므로/ 빈 집에서는 망향가를 부르는/「니그로」와 생쥐가 둘도 없는 동무가 되었습니다."란 표현으로 미국 사회의 도덕적 붕괴상을 풍자했다.

이 시의 배경은 유럽과 중국을 거쳐 미국으로 확대된다. 비록 스쳐가는 단상이지만, 일관된 시의 주제 의식은 현대 문명사회에 대한 강한 비판정신이다.

이 시에서 아이러니적 표현이 두드러지게 나타난다. '「넥타이」를 한 흰 식인종'에서 '식인종'은 백인을 뜻한다. 이렇게 표현된

모더니즘 시운동의 겉과 속

언어와 그 속에 담긴 내포적 의미가 상반되는 것이 수사적 아이러니 기법이다.

이는 『태양의 풍속』에서 자주 발견된다. 예를 들면 시 「훌륭한 아침이 아니냐」에서 '창백한 하늘 아래/ 전야는 회색이다./ 독사의 화끈한 입김이 휩쓸고 간다./ 해골과 같이 메마른 공기가 질식한다.' 여기서 나타난 것처럼 가장 비극적이고 비참한 아침을 '훌륭한 아침'으로 표현했다.

2-1. 현해탄을 건넌 나비

더욱이 시의 경향도 함께 변모했다. 초기에 산만하고 혼란스럽게 전개되던 이미저리 양상이 상당히 질서 있고 통일된 모습으로 변했다. 다음 시에 그 모습이 잘 드러난다.

> 아무도 그에게 수심을 일러 준 일이 없기에
> 흰 나비는 도무지 바다가 무섭지 않다.
>
> 청무우 밭인가 해서 나려갔다가는
> 어린 날개가 물결에 저저서
> 공주처럼 지쳐서 돌아온다.
>
> 삼월 달 바다가 꽃이 피지 않아서 서거푼
> 나비허리에 새파란 초생달이 시리다. ──「바다와 나비」

「바다와 나비」는 시의 제목이며 시집의 표제이다. 그렇게 편석촌이 '바다와 나비'란 제목에 애착을 가지고, 상징적인 의미를 부여했다. 바다에 살지 않는 나비가 이 시에서 현해탄을 건넌다. 이 시의 주인공은 나비이고, 활동 무대는 바다이다. 그는 이 시에서 나비에 상징적 의미를 담았다. 나비는 시의 주체인 화자 즉 시인 자신을 상징한다. 또 파도가 무수히 몰려오는 바다는 외국 문명이 들어오는 길목이다. 들과 산에 사는 나비가 바다를 횡단하는 것은 불가능한 비극이다. 나비는 밀물처럼 흘러 들어오는 외래문명의 홍수 속에서 방황하는 시인 자신을 상징한다.

바다와 나비의 상징적 의미는 "어린 날개가 물결에 젖어서/ 공주처럼 지쳐서 돌아온다." 공주란 시어에 한국시 현대화에 앞장선 지식인들의 긍지를 반영시켰다. 이 시편에 바다를 건너는 나비를 등장시켰다. 그 나비의 상징적 의미가 다음 시편에 드러난다.

    넘실거리는 보리이삭 벼초리
    아침바다에 연이은 초록빛 벌판은
    아 영의 것도 난의 것도 아닌
    우리들 모두의 것이 아니냐.

    하룻밤 무엔가 한없이 아름다운
    꿈을 꾸다가 눈을 떴더니
    무슨 진주나 잃은 것처럼 몹시도 서거품은
    모두 즐겁고 살지고 노래하고 나물하지 않는 곳이었기 때문

――― 「우리 모두의 꿈이 아니냐」 일부

위 시에 김기림의 민족의식이 반영되어 있다. 외래어를 즐겨 쓰며 이국정취에 취하고, 실험적인 표현을 추구하던 초기와 달라진 그의 면모가 뚜렷이 보인다. 이때부터 그는 우리 민족성을 강조하고, 애국심과 조국의 자연을 노래한 시편들을 많이 발표했다.

특히 당대 우리 사회 현실에 그가 큰 관심을 보인 점도 면모의 특징이다. 그는 해방의 감격과 새로운 시대에 대한 희망과 기대를 자신의 시편들에 반영했다. 당시 그는 민족시인다운 변모를 확연히 보였다.

1930년대 한국 모더니즘 시운동을 주도했던 대표적인 문학가가 편석촌 김기림이다. 그는 가장 열성적으로 모더니즘 시론에 관련된 평론과 시의 창작활동을 전개했다. 그 활동의 핵심은 한국의 전통적 서정 미학과 감상주의를 거부하고, 서구 현대시의 특징을 적극 수용하여, 한국시를 영미시의 수준으로 개혁하려는 시운동이었다.

그 개혁운동은 이론에 그쳤다. 그것을 시 편들로 완성시킨 성공을 거두지 못했다. 단지 해방 후 민족시인으로 새로운 출발을 시도했다. 그것은 한국 현대시의 서구화를 포기한 새로운 출발이었다.

3. 석정시의 서정성과 사실성

한국 현대시의 흐름에서 신석정 시의 비중은 크다. 그는 서정시에 사실주의 시정신을 담은 반어적 서정미학을 수립한 시인이다. 아름다운 향촌의 이미저리 마디들에 사회를 비판하는 그의 시정신을 반명한 것이 반어적 서정미학이다.

순수·참여시라는 2분법을 초월한 개성적인 시인이 바로 신석정 사백이다. 그는 우리 전통적 서정시와 진보적 사실주의 경향의 시편들을 두루 발표한 선구적 시인이다. 그 점은 그의 문단활동에서 쉽게 확인된다.

그는 1930년대 초에 『시문학』 동인으로 활동했고, 1974년 작고할 때까지 『창작과 비평』에 시편들을 꾸준히 발표했다. 『시문학』지는 1930년대 순수 서정시 운동을 주도한 동인지다. 반면에 『창작과 비평』은 6-70년대 활발했던 진보적 참여시파의 주요한 활동 무대였다.

이 사실로 석정의 시 경향이 1930년대 『시문학』 동인이나 1960년대 『창작과 비평』 편집진이 지향하는 문학이념과 일치했음을 의미한다. 더욱이 그가 발표한 시편들을 두로 분석하면, 그 사실이 분명히 드러난다.

3-Ⅰ. 반어적 목가시

다음 시편은 원래 11행 3연의 자유시로 발표되었다. 그것을 9행 3연으로 재구성하면, 다음과 같이, 시조 3수(首)와 유사해진다. 이것이 시조형 자유시이다.

> 가을날 노랗게 물드린 은행 잎이
> 바람에 흔들려 휘날리듯이
> 그렇게 가오리다 임께서 부르시오면……
>
> 호수에 안개 끼어 자욱한 밤에
> 말 없이 재 넘는 초승달처럼
> 그렇게 가오리다/ 임께서 부르시면……
>
> 파―란 하늘에 백로가 노래하고
> 이른 봄 잔디밭에 스며드는 햇볕처럼
> 그렇게 가오리다/ 임께서 부르시면…
> ――신석정의 「임께서 부르시면」

이 시편에서 1행이 4음보에 벗어나지만, 전체 3장이 4음보율의 시조 3수와 거의 일치한다. 이것이 시조형 자유시이다. 이렇게 시조의 율격을 지닌 시편들을 그는 초기에 많이 발표했다. 따라서 시와 시(자유시)의 양분법을 거부했다.

양분법은 육당이 편집한 『소년』에서 시작되었다. 그는 이 잡시에서 시(자유시)와 시조가 엄격하게 구분됐다.12) 이로 인해 시조가 현대시에서 제외되는 결과를 초래했다. 따라서 시조가 주변문학으로 밀리는 요인이 되었다. 따라서 유능한 시인들이 시조보다 자유시를 선호해, 자유시의 대명사로 '시'란 말이 쓰였다.

석정의 첫 시집 『촛불』엔 전원풍경이 담긴 이미저리 마디들로 구성된 서정시편들이 많이 수록되었다. 예를 들면 호수와 강변이나 산과 숲 등을 묘사한 이미저리 마디들이 모인 전원시 편들이 많다. 그 마디들의 핵심 이미지로 소박한 자연물들이 많다.

구체적으로 산새와 비둘기와 물새와 백로와 종달새와 염소와 노루와 사슴과 꿀벌 등이다. 그것들은 우리 주변에서 쉽게 접할 수 있는 평범한 이미지들이다. 그것들이 이미저리 마디들은 형성하며 아름다운 전원풍경의 시편이 완성된 것이 석정시의 특징이다.

그 시편들에 향촌의 소박한 자연미가 효과적으로 잘 담겨있다. 하지만 그것은 현재 존재하는 세계가 아니라, 부재의 이상적 세계이다. 그런 점에서 그의 첫 시집 『촛불』은 낭만적 목가풍의 서정시집이 아니다. 오히려 이상향을 상실한 반어적 비애적 서정시집이다. 이것은 꿈과 이상을 상실한 비애의 감정을 애절하게 읊은 반어적 목가시집이다. 그래서 석정이 제2시집으로 『슬픈 목가』을 출간했다.

---

12) 민병기, 『현대 시·시조 통합이론』 (고대 민족문화연구원, 2016. 4), 13쪽.

추악한 현실을 냉정하게 비판한 것이 아니라, 오히려 이상적인 아름다운 이미저리 마디들과 그것을 상실한 현실에 대한 절망을 강조한 주제의식이 『슬픈 목가』의 특징이다. 낭만적 꿈을 상실한 그의 시정신은 현실을 강하게 비판하는 사회의식으로 변했다.

이 시정신은 1960년대 대두된 경향의 시편들을 발표한 점이다. 사회학적 관심을 반영한 시적 탐색을 시도했다. 그것은 한국 리얼리즘 시운동과 일치한다. 때문에 현대시의 흐름에 그의 시을 새롭게 주목할 필요가 있다.

한국 현대시의 흐름은 전통적 서정시 계열과 사회개혁 투쟁성이 강한 사실주의시 계열이다. 이 두 계열의 특징을 두루 지닌 시편들을 석정은 많이 발표했다. 이 말은 두 계열의 작품들을 각각 발표했다는 의미가 아니다. 한 시편에 두 경향의 특징이 공존하는 특징이 있다는 의미이다. 즉 서정적인 아름다운 표현미와 현실을 비판하는 날카로운 그의 시대정신이 공존하다는 뜻이다. 그것이 그의 시적 특징이다.

서정시와 사회시를 발전적으로 통합시키는 것이 한국 현대시인들이 이루어야 할 당면한 과제이다. 그것은 표현미와 주제의식을 조화시켜 한국시의 발전방향을 모색하는 과정에서 그 숙제는 풀린다. 서정미와 사회의식을 성공적으로 조화시킨 대표적인 시인이 바로 석정이다. 따라서 그의 시편들을 분석하는 자료를 토대로 한국시의 발전의 발전방향을 모색할 필요가 있다. 표현미와 주제의식이 조화된 석정의 대표작을 필자는 과제로 남겼다.

석정은 저평가 받은 향토 시인이었다. 학술적으로 일반화되지 않은 향토시인이란 용어는 작품 경향상의 특징보다 중앙 문인에 비하여 상대적으로 저평가되다는 사실을 지적하려는 의도에서 사용되었다. 그는 화려한 평가의 조명을 받기엔 응달진 전북에서만 생활한 향토시인으로 그는 평론이나 연구의 주목을 받지 못했다.

  저평가된 향토시인들의 문학적 가치를 찾아서 독자층에 널리 알리는 것이 한국문학의 발전을 위해 꼭 필요한 작업이다. 하지만 유행성과 거리가 먼 석정의 시편들은 서구이론에 편향된 현대문학 연구가들의 구미에 맞지 않았다. 특히 추상적 표현미를 중요시하는 평론가들에게 그의 시편들은 외면당했다.

  박두진은 석정의 시편들을 긍정적으로 평가했다. "만해와 지용와 영랑의 시적 공적도 빛나지만, 오히려 사상적 깊이와 진폭에서 석정의 시편들이 그들의 것들은 능가한다고 혜산(兮山)은 석정을 높이 평가했다."13) 그렇다면, 세 시인들에 비하면 석정에 대한 기존의 연구 성과가 너무 부족하다.

3-2. 참여시의 선구자

  현대 시사에서 참여시나 리얼리즘시를 논하는 자리에서, 시인

---

13) 박두진, <석정의 시>, 「현대문학」, 1968년 1월 호.

신석정을 빼놓을 수 없다. 1960년대부터 시작된 현실 참여적 리얼리즘시의 흐름은 7-80년대로 확산되었다. 그 흐름 속에서 석정은 중요한 위치를 차지한다. 비록 참여시파로 그가 언급되지 않았지만, 참여시의 선구자이다. 그 점을 밝혀 그의 시사적 의미를 새롭게 부여하는 것이 이 글의 목적이다.

나와
하늘과
하늘 아래 푸른산 뿐이로다.

꽃 한 송이 피워낼 지구도 없고
새 한 마리 울어줄 지구도 없고
노루새끼 한 마리 뛰어다닐 지구도 없다.

나와
밤과
무수한 별 뿐이로다.

밀리고 흐르는데 밤 뿐이요
흘러도 흘러도 검은 밤 뿐이로다.
내 마음 둘 곳은 어느 밤 하늘 별이드뇨.

이 시의 의미를 지탱하는 구조는 단순하다. 그것은 화자와 하늘과 지구의 3각 구도이다. 여기에 나오는 이미지들도 천상과 지상에 속하는 것들로 양분된다. 천상계를 대표하는 것이 별의 이미지이다. 이것은 이상과 희망의 상징물이다.

반대로 지상계를 대표하는 것이 지구와 밤의 이미지들이다. 이것들은 생명체가 존재할 수 없는 부정적 공간이다. '꽃 한 송이 피거나, 새 한 마리 울거나, 노루새끼 한 마리 뛰어 다닐 지구도 없다.'고 석정은 2연에서 묘사했다.

이처럼 현실을 부정적으로 보는 비극적 세계관이 석정의 현실 인식이다. 이는 당시 비판적 사회인식과 일치한다. 즉 '한발 재겨 디딜 곳조차 없다'는 이육사의 시구나 '한 번도 손들어 보지 못한 나를'이란 윤동주의 표현처럼 당시 시대상을 반영한 대표적인 명시의 구절들이다.

석정은 초기에 비극적 세계관을 반어적으로 표현했다. 즉 전원의 아름다움이 사라진 절망감을 반영했다. 따라서 그의 첫 시집에 수록된 초기 시편들을 낭만적 목가시에 속하지 않는다.

1

껌도 양과자도 쌀밥도 모르고 살아가는 마을 아이들은 날만 새면 띠뿌리와 칡뿌리를 직씬 직씬 깨물어서 이빨이 사뭇 누렇고 몸에 젖인 띠뿌리랑 칡뿌리 냄새를 물씬 풍기면서 쏘다니는 것이 퍽은 귀엽고도 안쓰러워 죽겠습니다.

2

머우 상치 쑥갓이 소담하게 넋긴 식탁에는 파란 너물죽을 놓고 둘러앉아서 별보다도 드물게 오다 가다 섞인 하얀 쌀알을 건지면서 "언제나 난리가 끝나느냐?"고 자꾸만 묻습데다.

---- 「귀향시초」에서

　이 시편에 등장하는 이들은 시인의 가족과 이웃이다. 그들은 궁핍한 실상을 묘사 대상으로 삼았다. 껌도 양과자도 쌀밥도 모르고 살아가는 아이들이나 파란 나물죽을 놓고 둘러앉은 가족의 모습은 헐벗고 굶주린 가난의 실상이다. 띠뿌리나 칡뿌리로 연명하는 빈궁한 삶의 모습이 구체적으로 극화되었다.
　특히 2연에 쌀알을 별에 비유한 것은 참신한 명유이다. 이런 기법으로 시인은 별의 천상적 이미지를 밥이라는 지상적 이미지로 바꾸었다. 추상적 이미지를 구체적 이미지로 전이시켜, 관념보다 실제 생활을 부각시켰다. 그 결과로 농민들의 굶주린 참상을 더욱 선명하게 제시했다.
　특히 이런 곤궁한 상황에서도 가족과 이웃들 간의 끈끈한 인정미가 넘치는 향토애를 이 시에 살렸다. 가난의 참상을 극화시켜 정치적 투쟁논리로 발전시킨 것이 아니라, 토속적 분위기와 농민들의 유대감이나 인정미가 공존하는 것이 중기시의 특징이다. 중기 시편들에 그의 시적 초점이 집중된 대상은 무엇인가?

　　오리요 마이싱도곤 차라리 쌀밥이 약이리라.
　　----「영이에게」 일부

　　가을도곤 오는 봄을 근심하는 마을 아낙네의 서글픈 이야기가
　　오늘도 내일도 퍼져가는 한 지구는 영원히 아름다운 별일 수 없다.
　　----「이야기」에서-

위 시편들에 그는 가난한 가족들의 힘든 삶을 담았다. 백일해에 걸린 어린 환자에게 약도 밥도 구해주지 못하는 사연이나 가을부터 봄 식량을 걱정하는 이웃들의 절박한 이야기를 시에 담았다. 가족과 이웃에 대한 사랑을 그 밑바탕에 깔고, 체험적이고 사실적인 세계를 과장 없이 그려냄으로써 시적 공감을 획득하는 데 성공하고 있는 시편들이다. 이러한 작자의 가족과 이웃에 대한 애정은 다음 시의 경우 더욱 심화·확대되어 나타난다.

우수도
경칩도
머언 날씨에
그렇게 차거운 계절인데도
봄은 우리 고운 핏줄을 타고 오기에
호흡은 가뻐도 이토록 뜨거운가?

손에 손을 쥐고
볼에 볼을 문지르고
의지한 채 체온을 깊이 간직하고픈 것은
꽃피는 봄을 기다리는 탓이리라.

산은 산대로 첩첩 쉬이고
물은
물대로 모여 가듯이

나무는 나무끼리

짐승은 짐승끼리
우리도 우리끼리
봄을 기다리며 살아가는 것이다.
━━━「대춘부」 -

이 시의 시간 배경은 추운 계절로 가난하고 고달픈 삶의 현장 암시한다. 힘들게 살아가는 서민들의 끈질긴 기다림의 열정이 '봄은 우리 고운 핏줄을 타고 오기에/ 호흡은 가뻐도 이토록 뜨거운가?'란 표현에 잘 나타나 있다. 그들이 고난을 견디는 힘이 무엇인가. 그 답이 이 시에 있다.

'물은/ 물대로 모여 가듯이// 나무는 나무끼리/ 짐승은 짐승끼리/ 우리는 우리끼리/ 봄을 기다리며 살아가는 것이다.'라는 표현에 분명히 나타나고 있다. 그 답은 민중이 서로 의지하며 살아가는 유대감과 공동체 의식에서 고난을 견디는 힘이 나온다. 곤궁한 삶의 실상을 묘사했지만, 그 안에 이웃에 대한 뜨거운 애정이 있다. 그것이 바로 휴머니즘이다.

후기에 속하는 시편들은 대부분 『산의 서곡』과 『대바람 소리』에 수록되었다. 그것들은 셋으로 계열화된다. 즉 자연미가 주로 담긴 산수시와 인생의 슬픔과 허무의식이 담긴 비애시와 현실을 비판한 사회시이다. 하지만 사회 시편들이 주류를 이루는 것은 후기의 특징이다. 이 계열의 대표작이 다음 시편이다.

바다도곤 넓은 금만경들을

눈이 모자라 못보겠다 노래하신
당신과 우리들의 이 기름진 땅을

아득한 옛날엔
양반과 벼슬아치와
<조병갑>이와 아전 떼들의 북새 속에서
그 뒤엔
<을사조약>에 따라 붙은 <동척회사>와
<기와노상>과 <노구찌상>과 <중추원참의>와
왜놈의 통변들의 등쌀에 묻혀

격양가도 잊어버린 벙어리가 되어
할아버지와
아버지와
아들과
손주들이 대대로 이어 살아왔더란다.
　　---「곡창의 신화」일부

  이 시편엔 금만경과 같은 곡창지대의 주민들이 궁핍하게 살아가야만 했던 역사의식이 반영되었다. 현재 가난의 참상을 폭로하려는 것이 시인의 의도가 아니다. 그보다 궁핍한 삶이 대물림 된 역사적 필연성을 드러내는 것이 시인의 관심이다.
  현실과 이상의 두 세계를 상징하는 이미저리들이 대립하는 초기 시편들과 달리 후기로 갈수록 그의 시의식이 확대된다. 개인의 운명적 비극 인식의 범주를 벗어나 사회 비판인식과 역사의

식으로 발전한다. 즉 개인 차원에서 사회적으로 주제의식이 심화·확대되었다. 이것이 그의 리얼리즘시의 특성이다.

그의 시적 리얼리티는 우리 민족애에서 비롯된 휴머니즘이다. 그가 서정시보다 리얼리즘시에 비중을 둔 것이 후기시의 특징이다. 따라서 그의 시적 관심이 민주의식의 고양과 실천에 있었다는 것도 뚜렷한 역사의식에서 나왔다. 다음 시에 그 점이 잘 드러난다.

> 엄숙한 역사의 선고도 동결된 지구에서
> 그렇게도 우리가 목마르게 대망하는 것은
> 결국
> 헤아릴 수 없는 쥐구멍에
> 햇볕을 보내는 민주주의의 작업을 떠나선 의미가 없다.
> ———「쥐구멍에 햇볕을 보내는 민주주의의 노래」 일부

위 시편에 4.19 의거의 의미가 담겼다. 석정은 민주주의가 한국에 정착되기를 갈망이라는 민족의 염원을 이 시로 표현했다. 우리의 슬픈 역사를 되새기며, 희망과 투쟁의지를 노래한 시편도 있다.

> 당신의 거룩한 목리가
> 내 귓전에 있는 한,
> 귓전에서 파도처럼 멀리 부서지는 限,

이웃할 별도 가고, 소리 없이 가고,
어둠이 황하처럼 범람할지라도 좋다.

얼룩진 역사에 만가를 보내고 참한 노래와 새벽을 잉태한 함성으로
다시 억만 별을 불러 Satan의 가슴에 창을 겨누리라.
새벽종이 울 때까지 창을 겨누리라. ---「餞迓詞」에서

  조국의 참담한 현실과 역사적 비극성이 '포옹할 꽃 한 송이 없는 세월을/ 얼룩진 역사의 찢긴 자락에 매달려'라고 그는 표현했다. 이런 현실에 대해, 사탄의 가슴에 창을 겨누는 것이 행동적 참여의지를 상징한다. 초기에 이상향으로 도피하려는 시정신과 달리, 악마의 가슴에 창을 겨누는 표현에 적극적 참여정신이 담겼다. 억압의 고통을 받는 상황에 적극 대결하려는 의지가 반영되었다. 그의 중기시에 나타난 빈농들에 대한 연민의식은 후기엔 민족의 열망을 반영한 미래지향적 역사의식으로 발전했다.

3-3. 후대에 끼친 영향

벼는 서로 어우러져
기대고 산다.
햇살 따가와질수록
깊이 익어 스스로를 아끼고
이웃들에게 저를 맡긴다.
  --- 이성부의 「벼」에서

우리야 우리끼리 하는 말로
태어나면서도 넓디넓은
평야 이루기 위해 태어났제
----- 하종오 「벼는 벼끼리 피는 피끼리」에서

남아서 못난 사람들끼리
살아서 장한 사람들끼리
사랑하고
꾀꾀꾀한 살 비비면서
--- - 김정한 「초복」에서 -

위 시 「벼」엔 공동체 의식과 이웃에 대한 애정과 희생정신 등이 복합적으로 담겼다. 「벼는 벼끼리 피는 피끼리」에서는 고통과 수난을 함께하는 공동체적 연대감과 희생적인 민중의 자세가 반영되었다. 그리고 「초복」엔 소시민들의 끈끈한 연대감과 고통을 함께하는 연민의식이 깔려 있다. 이와 같이 위 시편들에 경제적으로 소외된 민중의 공동체 의식이 상징적으로 반영되었다.

민중적 공동체 의식은 석정의 농민시에 나타나는 특징이다. 1950년대 발표된 그의 중기 시편들 중에 농민들의 곤궁한 삶을 담은 리얼리즘 경향의 것들이 많다. 그 주제의식이 궁핍한 농민들의 유대감이다. 위에 인용된 시편들을 포함해 60년대 후반부터 등장한 참여시와 석정의 농민시는 시차가 있지만, 주제의 측면에서 유사성이 많다.

5.16과 연관된 참여문학 논쟁 이후 등장한 참여시는 7-80년

대로 이어지는 리얼리즘 현대시 계열의 주류가 되었다. 이 참여시의 선두주자로 김수영을 지목하는 문학가들이 많다. 하지만 리얼리즘 현대시 계열의 선두주자는 신석정이다. 도시문명 지향적인 김수영보다 향토시인 신석정이 앞에서 언급한 것처럼 농민시 편들을 많이 발표했다. 그는 빈궁한 농민들의 삶을 평이하게 구체적으로 그린 사회주의 경향의 시편들을 김수영보다 앞서서 발표했다. 이런 사실을 고려하면, 현대 리얼리즘 시의 흐름을 선도한 신석정을 역할을 주목할 필요가 있다.

석정은 초기 서정시 편들을 발표한 다음에, 중기부터 사실주의 시편들을 발표했다. 이 사실은 그가 표현의 아름다움과 사회적 주제의식을 조화시킨 선구적 시인임을 뜻한다. 따라서 그가 한국 현대시의 발전적 문맥에서 주목받을 중요한 시인임을 시사한다.

4. 자유시 속의 시조형

전통·반전통성의 공존현상은 시조형시(시조형 자유시)의 존재로 구체화된다. 시조형 자유시란 시조 형식과 완전히 일치하지 않지만, 시조와 유사한 자유시를 말한다. 그것은 시조의 골격을 갖춘 4음보율의 자유시이다.14) 그 약자인 시조형시는 시조시와

---

14) 민병기, 「한국의 자유시와 정형시의 관계」, 『한국시학연구』 제4호(한국시학회, 2000. 11).
＿＿, 「현대시에 나타난 전통율격 연구」, 『어문논집』 제39호(안암어문학회, 1999).

다르다.

노래로 불린 고시조와 달리, 읽히기만 하는 현대 시조가 시조시이다.15) 시조와 시조형 자유시의 차이는 다음 2편의 대비로 분명히 드러난다.

4-1. 미당의 시조형

해와 하늘빛이
문둥이는 서러워

보리밭에 달 뜨면
애기 하나 먹고

꽃처럼 붉은 울음을
밤새 울었다.
　　---- 서정주「문둥이」전문

이것은 자유시로 발표되었고, 또 그렇게 분류되지만, 시조의 율격을 지니고 있다. 3장 6구로 구성된 이 자유시는 4음보율 3장의 시조율격을 지녔다. 더욱이 종장의 첫 음보(3자)와 둘째 음보(5자)까지 평시조의 자수율과 정확하게 일치한다. 따라서 자유시로 알려졌지만, 사실은 시조에 가깝다. 총자수가 39자로 40자 미

---

15) 한춘섭,『한국시조시논총』, 을지출판사, 21-24쪽.

만이지만, 시조로 볼 수 있다. 미당의 자유시 편으로 시조형이
또 있다.

울타릿가 감들은 떫은 물이 들었고
맨드라미 蜀葵는 붉은 물이 들었다만
나는 이 가을날 무슨 물이 들었는고
------ 「秋日微吟」 1연

  미당은 이 자유시를 시조 형식에 맞추어 쓰지 않은 것이 쉽게
나타난다. 하지만 외형상으로 시조형식과 일치한다. 그가 시조
형식에 맞추어 쓰지 않은 자유시가 우연히 시조형식과 일치했다.
그 현상은 미당이 시조 가락에 익숙했다는 것을 말한다. 하지만
그는 시조를 외면하고 자유시를 썼다. 시조 가락에 익숙했지만
시조를 쓰지 않고 자유시를 쓴 시인 이설주이다.

    기다리는 세월을
    학같이 목에 감고

    마음의 囚衣를 빨아
    蜀道에 말리우니

    바람 찬 늦인 하늘에
    구름이 울고 간다
    ---- 이설주의 「저녁」전문

이 시편은 3장 6구의 평시조와 일치한다. 종장 첫 음보(3자)와 둘째 음보(5자)도 정확하게 지켜졌다. 전체 44자도 기본 자수와 일치한다. 비록 자유시로 발표되었지만, 이것은 시조이다. 미당과 이설주의 위 시 2편은 시·시조가 구별되지 않는 자유시이다. 이러한 시편의 존재로, 현대시를 시와 시조로 양분하는 것은 무의미하다.

4-2 청록파의 시조형

조지훈도 시조 가락으로 자유시 편들을 발표한 대표적인 시인이다.

꽃이/ 지기로소니/
바람을/ 탓하랴//

주렴밖에/ 성긴 별이/
하나 둘/ 스러지고//

귀촉도/ 울음 뒤에/
먼언 산이/ 다가서다.//

촛불을/ 꺼야하리/
꽃이/ 지는데//

꽃지는/ 그림자/
뜰에/ 어리어//

하이얀/ 미닫이가/
우련/ 붉어라.//

묻혀서/ 사는 이의/
고운/ 마음을//

아는 이/ 있을까
저어/ 하노니

꽃이 지는/ 아침은/
울고/ 싶어라.// --- 「낙화」전문

  이 시의 특징은 행과 연의 구성에 규칙이 있다. 2행이 1연이고, 1행이 2음보를 이루고 있다. 즉 3연 6행이 3번 반복되는 3장 6구의 평시조 3首이다. 비록 종장의 자수율이 불완전하지만, 시조의 구수율을 분명하게 갖춘 형식의 연시조 1편이다.

  이러한 시조형의 시가 그의 시집에 많다. 예를 들어 「산방」이나 「완화삼」 같은 작품이 대표적이다. 「조지훈 전집」 속 217편 중에, 시조 가락의 시 48편과 4음보율의 시 104편이 있다. 따라서 4음보율을 지닌 시 편들이 70% 이상이다.

  그는 시와 시조의 벽을 허물기 위하여, 시조형시 편들을 의도적으로 많이 발표했다. 그 대표적인 명시가 「낙화」이다. 이것이 그가 시·시조의 벽을 허물려는 시도로 쓴 작품이다. 그것은 우리 민족시의 발전을 위해 바람직한 시도였지만 시단의 주목을 받지 못했다.

다음 시편은 원래 8행 4연으로 구성된 자유시이다. 시행이 짧아 시조와 무관한 것 같지만 다음과 같이 재배치하고 음보를 살펴보면 평시조 형식과 유사하다.

송화가루/ 날리는/ 외딴/ 봉오리//
윤사월/ 해 길다/ 꾀꼬리/ 울면//
산지기/ 외딴 집 눈 먼 처녀사/ 문설주에/ 엿듣네//
--- 「윤사월」전문

이것은 종장의 길어진 평시조 형식과 일치된다. 종장의 첫 음보는 3자이고 둘째 음보는 '외딴집 눈 먼 처녀사'로 8자이다. 둘째 음보가 5-9자이니, 이것은 평시조 형식과 같다. 전체 자수도 41자로 평시조 기본 자수에서 벗어나지 않는다. 하지만 시인은 마지막 연을 개작했다. 『청록집』에 발표된 '문설주에 귀 대이고/ 엿듣고 있다'를 「산도화」에서 '문설주에/ 엿듣네'로 고쳤다. 그러나 의미상 큰 차이가 없다. '귀 대이고 있다'를 생략하고 '문설주에 엿듣네'로 충분하다. 이 시에서 '외딴 봉오리'와 '외딴 집'이란 단어가 중복된다. 산직네 사는 집은 마을에서 떨어져 있기 마련이니, 중복사용된 '외딴'을 생략하면 다음과 같은 시조가 된다.

송화가루 날리는 외딴 봉우리
윤사월 해 길다 꾀꼬리 울면

산지기
눈 먼 처녀사
문설주에 엿듣네

  박목월의 초기 자유시 속에 시조와 유사한 작품이 많다. 시조 형식에 한 장이나 구를 추가하여 시조 형식을 변형시킨 것들이 많다. 즉 자유시 편들 속에 시조형이 내재한다. 그만큼 목월의 초기 시편들엔 시조형이 다음과 같이 많다.

흰달빛/ 자하문// 달안개/ 물소리//
대웅전/ 靑雲橋// 바람소리/ 솔소리//
부영루/ 뜬그림자// 흐는히/ 젖는데 //
   --- 「불국사」 일부

  조사와 서술어가 생략된 이 시편은 6연(//) 12행(/)으로 극히 짧게 구성되어 시조와 무관해 보인다. 하지만 위와 같이 3행 4음보로 재구성 되면, 시조형이 나타난다. 원시의 마지막 끝 연 둘인 "흰달빛/ 자하문// 바람소리/물소리//"가 인용시에서 빠졌다. 이것들은 모두 뒤에 반복되었다. 위와 같은 3연의 시조형에 반복된 부분이 첨가된 시조의 변형이다.

牧丹꽃 이우는 하얀 해으름
　　강을 건너는 청모시 옷고름
　　仙桃山
　　水晶그늘
　　어려 보랏빛
　　------ 「牧丹 餘情」일부

　시행들이 모두 명사로 끝나, 간결한 묘사가 돋보이는 이 시도 「불국사」와 유사하게 시조 가락을 지닌 시조형이다. 인용시에 원시의 마지막 연 "牧丹꽃 해으름 청모시 옷고름'이 빠져 있다. 이 부분은 첫 행과 둘째 행에 이미 나온 것을 뒤에 반복했다. 따라서 이것도 끝에 허드레 이미지를 덧붙인 평시조 변형이다. 다음 시편도 이 두 편들과 유사하다.

　　강나루/ 건너서/
　　밀밭/ 길을//

　　구름에/ 달 가듯이/
　　가는/ 나그네//

　　길은/ 외줄기/
　　남도/ 삼백리//

　　술 익는/ 마을마다/
　　타는/ 저녁놀//

───「나그네」일부

이 시는 3음보율로 잘못 알려져 있다. 그러나 위와 같이 4음보율로 나누어야 타당하다. 음보를 띄어쓰기보다 낭송의 휴지가 더 중요한 경우가 있다. 예를 들면 '南道三百里'에서 남도와 삼백리가 붙어 있지만 위와 같이 2음보로 읽어야 적절하다.

둘째 연 '구름에 달 가듯이/ 가는 나그네'도 끝에서 반복된다. 되풀이되는 허드레 이미지를 빼면 '술 익는 마을마다/ 타는 저녁놀'이 종장이 되어 묘미가 한결 살아난다. 이 시편은 초장이 길어진 중시조에 허드레 이미지가 덧붙은 시조 변형시이다.

머언 산/ 靑雲寺/
낡은/ 기와집//

산은/ 紫霞山/
봄 눈/ 녹으면//

느릅나무/
속ㅅ잎/ 피어가는/ 열두 구비를//

청노루/
맑은 눈에/

도는/

구름//
--- 「청노루」

이 시의 시행은 한 행을 제외하고 대체로 짧다. 그 길이가 들쭉날쭉하여 구성이 산만한 인상을 준다. 행이 자유롭게 나뉘어졌지만, 낭송을 고려하여 음보(/)와 음보행(//)을 나누면, 4음보율이 정확하게 지켜지고 있다. 또 장 개념을 고려하면 중장이 길어진 변형된 중시조형이다.

이상 언급된 자유시편들은 시조의 변형이다. 이렇게 시조의 율격으로 자유시를 쓴 그에 대한 평가는 긍정과 부정으로 상반될 수 있다. 전통 율격인 시조의 가락을 현대시에 계승 발전시킨 시인으로 높이 평가받을 수도 있다. 반대로 시조의 현대화를 외면하고, 시조 가락으로 자유시를 써서 근대화의 오류에 편승했다는 부정적 평가이다.

예를 들면 '모더니즘시'는 '모더니즘 자유시'를 뜻한다. 독자들의 애독성이 높은 한국 명시 편들 중에, 시조형 시편들이 의외로 많다. 정지용과 석정과 미당과 지훈과 목월과 박용래와 천상병 등도 시조형 시편들을 많이 발표했다. 박재삼·이근배처럼 시와 시조를 함께 발표한 시인들이 청록파 이후 많아졌다.

시조형시와 짧은 자유시 편들은 밀접한 관계가 있다. 자유시 편들의 이미저리의 마디들이 분명하게 구분될수록 시조형이 나타난다. 그 현상은 자유시 편들이 간결하게 다듬어 질수록 시조

형으로 변함을 의미한다. 애독성이 높은 유명한 자유시 편들일수록 그 속에 시조형이 내재한다.(*)

낯선 '것'과의 만남 : 한국 장애인 문학 이해

차희정 · 아주대 국어국문학과 강사

1. 들어가며

근래 활발한 장애인 문화예술 향유와 이를 토대로 실천되고 있는 여러 복지 정책16)은 바야흐로 장애인 문학과 문화예술 중흥의 기대감을 자극하며 완성도 높은 예술을 위한 다양한 교육과 연구의 필요를 강조하고 있다.

문학의 경우 1991년 '곰두리문학상'이란 이름으로 장애인을 대상으로 한 순수 문예 창작 공모가 시작되었고 '대한민국장애인문학상'으로 명칭을 변경해 이어지고 있다.17) 그러나 수상작에 대

---

16) 한국문화예술위원회는 2010년부터 '(국고)장애인문화예술향수 지원 사업'을 진행하였다.(2017년 사업은 '장애인문화예술원'서 운영) 장애인과 장애인 예술가들의 수요와 욕구를 충족하기에는 부족하지만 장애인예술가들에게 창작지원금 등을 지원하고 '예술인패스' 등으로 예술가 복지를 실천하고 있다.
17) 곰두리문학상이 1998년에 '대한민국장애인문학상'으로 이름을 바꾼 것은 한국 '장애인문학'의 기반을 마련하고 정통성을 확보하려는 의지로 이해된다. 대한민국장애인문학상은 장편소설, 단편소설, 시, 아동문학 4개 부문에 걸쳐서 공모하던 것을 수필, 단편소설, 시, 아동문학 4개 부문으로 조정하여 문학 전반의 장르로 작품 공모를 시작했다. 이후 2005년 중편소설 부문이 신설되었고, 2008년부터는 수상 내역도 확장 되었다. 대상 1편과 부문별(운문부, 산문부) 최우수상 1편, 우수상 3편, 운문과 산문을 합쳐 가작 1편으로 수상을 세분화 했다. 이는 그 이전에 부문별로 당선작과 가작으로 구분하여 수상 작품을 선정했던 것과는 다른 모습이다. 2011년과 2012년에는 대상 작품을 부문별로 선정(보건복지부, 문화체육관광부 장관

한 관심이나 문학적 가치를 찾는 비평과 연구 활동 등은 극히 미흡한 것이 현실이다. 장애인 창작 문학의 경우 문학적 성취 정도가 미흡한 것도 여러 원인 중 하나일 터이지만 이들의 작품 발표 기회가 부족하고 장애인 문학에 대한 선입견, 편견 등의 현실 문제와 장애인 문학에 대한 독서가들의 무관심 또한 큰 까닭이다. 때문에 이 문제에 대한 해결 또한 단순하지 않다.

이러한 속에서 한국 장애인 문학은 아직 '한국장애인문학'으로 명명18)되지 못하고 있다. '대한민국장애인문학상' 등 장애인을 대상으로 한 굵직한 문학상 공모와 함께 『솟대문학』19) 등의 문예지를 통해서 꾸준하게 장애인 문단이 형성된 온 것을 생각하면 학문적 뒷받침이 아쉽다. 현재 장애인 문학20)은 그 정의와

상 수여), 시상했고 가작 수상이 없어졌는데 2013년부터는 부문별 대상, 최우수상, 우수상, 가작으로 수상 내역이 확대되고 수상 작품도 20편으로 크게 확대 되었다.
18) 장애인 문학의 범주와 관련해서는 김세령, 「한국 장애인 문학의 새로운 지평-김미선의 소설을 중심으로-」, 『현대소설연구』 59, 2015.8, pp.217-253; 방귀희, 「장애인문학의 현실과 발전 방향」, 『시와 시학』, 1992겨울, pp.166-171; 차희정, 「장애인 창작 소설의 주제 변모 양상-대한민국장애인문학상 25년 간의 수상작을 중심으로」, 『한국현대소설연구』 62호, 한국현대소설학회, 2016. 등을 참고하라
19) 『솟대문학』은 1991년 창간된 국내유일의 장애인문예 계간지이다. 정부 지원이 중단 되는 등의 문제로 2015년 100호를 마지막으로 폐간 되었다. 구상 시인의 유언에 따라 해마다 '구상문학상'을 선정하여 시상하는 등 장애인들의 왕성한 문예 창작을 응원하고 독려하고 있다.
20) 이 글에서는 장애인과 장애인 문제를 소재나 주제로 다루거나 장애인이 등장하는 문학을 비롯하여 장애인 창작 문학 모두를 '장애인 문학'으로 범주화 하고자 한다. 이는 향후 한국문학사에서 장애인 문학의 성격을 규명하고 이를 체계적으로 정리하는 것을 염두하고, 장애인 창작 문학을 장애인 문학의 범주 속에서 이해함으로써 그 독창적 성격과 문학적 의의를 구명하여 궁극적으로 '장애인문학'의 온당한 문학사적 자리를 구축하려는 목

범주가 학문적으로 합의되지 못한 채 연구자들 나름의 범주화가 진행 중이다. 미약하나마 다행히 근래 장애인 문학에 대한 학문적 관심21)과 장애학22)적 관점에서 장애인 문학에 대한 논의와 연구23)가 시작되고 있는 것은 반가운 일이다.24)

이 글에서는 대한민국장애인문학상 26년간 수상작의 성격과 주제의 양상을 소개하여 전반적인 장애인 문학-구체적으로 장애인 창작 문학-의 특성을 구명하는 것으로 주변부 문학, 소수자 문학으로서의 장애인 문학을 '만나고' 이해하고자 한다. 이는 새로운 '가능성'으로서 장애인 문학의 문학적 성취 정도를 이해하고 향유를 촉발하려는 의도이다.

적을 의식한 때문이다. 여기에는 현재적 시점에서 장애인 문학의 외연을 확장하고 지평을 마련하려는 의도가 포함된다.
21) 김세령, 위의 논문; 심영의, 「타자(the other)로서의 장애인 문학」, 『민주주의와 인권』 제14권2호, 전남대학교5•18연구소, 2014, 43-76면; 차희정, 「장애인 소설에 나타난 '장애' 인식의 양상-장애인 창작 소설을 중심으로-」, 『한국문학논총』 제62집, 한국문학회, 2012, 331-356면
22) 장애학은 아직 그 개념이 확립되지는 않았으나 장애를 개인의 결함으로 보지 않고 오히려 장애를 규정하는 정치적•경제적•사회적•문화적 요인 등을 탐구하며 장애인에 의한 적극적 참여를 중시하는 다학제적 학문'으로 정리 할 수 있다.(조한진, 「장애학에 대한 재고찰」, 『특수교육저널:이론과실천』 제12권4호, 특수교육학회, 2011, 1-25면)
23) 장애우권익문제연구소는 2016년 한 해 동안 장애에 초점을 맞춰 한국소설을 다시 읽고 감상하는 기획연재('장애와 한국소설')를 『함께걸음』에 연재 했다.(www.cowalknews.co.kr/)
24) 차희정, 앞의 논문, 2016.

2. 대한민국장애인문학상 26년간 수상 작품의 성격과 주제 양상

한국문학에서 장애인 문학의 지평은 아직 협소하다. 아니 장애인 문학의 지평을 이야기 하는 것 자체가 어려움과 한계를 가지고 있는 것도 사실이다. 주지하듯 문단에서 활동하고 있는 작가도 극히 드물 뿐만 아니라 주목 받는 작품과 작가도 아직은 크게 두드러지지 않는 때문이다. 그러나 이미 권력이 된 문단과 문학의 중심(주류)을 위협하거나 균열을 도모하고, 또 중심과 주변의 경계를 위협하는 문화의 지류로서 장애인 문학은 분명하고도 독창적인 가치가 있음을 부인할 수는 없다. "문학이 사회 현상과 그 변화에 대한 사람들의 반응을 측정해 내는 가장 효과적인 지표들 중의 하나"가 된다[25]고 할 때 장애인이 창작한 문학 작품이 사회에 있어서의 개별성을 표현하고 있을 뿐만 아니라 인간 현상의 보편적인 모습들까지도 다양하고 복합적으로 제시하고 있기 때문이다. 이러한 믿음으로 지난 대한민국장애인문학상 수상작들을 검토해 보는 것은 유의미한 일이 될 것이다.

이 글은 26년간의 장애인 문학의 자양분이 되어 온 대한민국장애인문학상 공모 수상작을 대상으로 문학적 '발견'을 기대하면서 지난 26년(1991년~2016년)간의 대한민국장애인문학상 수상작을 검토하여 대한민국 장애인 문학의 독창성을 추출할 수 있을 것이다. 이를 위해 장르별 수상작의 주제 변모 양상을 살펴보

---

[25] 김광분, 「한국 문학 작품에 나타난 장애인 가족·친지 반응 연구」, 『중복·지체부자유아교육』제29호, 1997, 102~120면

면서 드러나는 특성들을 정리하고 소재, 주제적 차원의 특성과 문학 장르의 특성을 얼마나 성취하고 있는지 여부에 대한 적극적인 검토를 실천할 것이다.

장애인은 현실 속에서 자신의 장애를 인식한다. 푸코는 정상적 질서 주변이나 바깥에 있는 사회적 타자(광인, 병, 비행자, 성 등)를 통해 정상적 질서가 만들어지고 기능하면서 어떻게 타자들을 배제하고 억압하는지를 밝힌 바 있다.26) 즉, 타자화 된 인물들을 경계 밖으로 내모는 것으로 정상성을 만들어 내고 이를 유지하려는 것인데, 장애인은 푸코의 말대로 지배 이데올로기 때문에 소외나 격리를 당하는 약자에 해당하는 인물이다.

대한민국장애인문학상 수상작들은 이렇게 타자화 되는 장애인과 장애를 작품의 주요 소재로 삼으면서 차별과 배제가 일상화된 현실에 다양한 방식으로 적극적으로 대응하고 또 다른 양상의 글쓰기를 통해서 문학적 상상력을 드러내고 있다.

1) 소설; 소재와 주제의 확장

26년간의 수상작들은 주인공을 비롯한 주요 등장인물이 장애인이고 이들의 장애적 상황과 그로 인해 유발되는 사건을 주요

---

26) 미셸 푸코, 『광기의 역사』, 김부용 옮김, 인간사랑, 1993, 27면

하게 다루고 있다. 장애인 주인공의 실존적인 문제와 사랑에 대한 고민, 장애를 바라보는 현실의 차별적 시선과 그로 인해 발생하는 소외의 문제 등에 천착한 소설들은 소재와 입체적 성격의 인물이 등장하며 보다 흥미로워지고 장애의 문제에 또 다른 사건이 얽혀 들면서 새로운 비극을 양산한다. 또, 소재와 사건 전개 방식이 다양해지고 있다.

● 대부분의 소설은 장애, 장애인을 소재로 하여 장애인이 겪는 다양한 장애 현실에 대한 분노와 좌절을 형상화 하면서 그 방식 또한 다양하게 변모하였다. 차별과 배제에 대한 저항의 모습은 2010년대 작품에서는 분노, 좌절 등의 감정이 폭발적으로 분출했던 이전의 작품과는 다소 상이한 방식으로 전개되면서 장애에 대한 다양한 측면의 관심과 이해를 촉발하고 있다.

1991년~2016년 까지 공모에서 수상한 소설 중 장애와 장애인이 소재가 된 소설은 다음과 같다.

김미선 <바람꽃>(1991 가작), 황영근 <비틀거리며 더 높이>(1992 가작), 이현준 <네 개의 이름을 가진 여인>(1994 당선), 김효진 <기다리는 마음>(1995 단편 가작), 이용석 <바리데기 꽃>(1998 단편 당선), 이원구 <마지막 축제를 읽는 밤>(1999 단편 당선) 이광민 <어둠의 골목풍경>(1999 단편 당선), 이윤자 <연명(延命)>(2001 단편 가작), 강성숙 <소리

없는 파도>(2003 단편 당선), 이광민 <멀어져 가는 시절>(2005 중편 가작), 윤석수 <시련의 강을 건너서>(2005 단편 가작), 김창호 <인연>(2005 단편 당선), 황보배 <박쥐>(2006 단편 가작), 박신영 <햇살이 눈부시다>(2006 중편 가작), 김효진 <산등성이 집>(2006 중편 당선), 김혜린 <예감>(2007 단편 당선), 설미희 <장애 콜, 신기사>(2009 단편 대상), 노민규 <올 여름은 무척 덥네>(2009 단편 가작), 천병은 <댕길아저씨의 사랑>(2009 단편 우수), 우병채 <우화(羽化)>(2010 단편 우수), 김근우 <불광천>(2011 중편 우수), 우병채 <열외의 이면>(2012 단편 대상), 한승완 <자원봉사자>(2012 단편 우수), 김대섭 <일탈, 아름답거나 추하거나>(2013 최우수), 김병호 <미국, 그들의 아름다운 나라>(2014 단편 우수), 박종언 <한줌의 슬픔>(2015 산문부 최우수상),

주지하듯 일련의 소설들은 장애인의 실존적 문제와 관련한 고민(이용석 <바리데기 꽃>, 김근우의 <불광천>, 이광민 <어둠의 골목풍경>, 박신영 <햇살이 눈부시다>, 김효진 <산등성이 집> 등)과 장애인 주인공의 사랑과 이별(이윤자 <연명(延命)>, 천병은 <댕길아저씨의 사랑> 등)에 관한 문학적 상상을 발휘하는 속에서 장애인 주인공이 현실과 맞닥트려서 절감하는 장애인으로서의 절망과 좌절, 사회의 편견과 배제 속에서 소외되는 상처(김미선 <바람꽃>, 강성숙 <소리 없는 파도>, 이광민 <멀어

져 가는 시절> 등)를 주요 문제로 다루고 있다. 그리고 이러한 냉대와 차별을 당하는 인물에 대한 동정적 시선이 전면화 되면서 자연스럽게 장애인 차별에 관한 문제 제기의 과제를 스스로에게 부여한다.

장애인의 실존적 고민과 장애인의 사랑과 이별에 대한 진정성을 구현하는 것과 함께 장애인 차별과 배제의 문제를 제기하려는 일련의 목적과 과제가 수상 소설들의 주제였다면 또 다른 측면에서는 장애가 다른 문제들과 혼융되면서 또 다른 문제를 양산하는 등의 모습도 드러난다. 구체적으로 장애인들의 성 욕구에 대한 관심(한승완 <자원봉사자>)과 비장애인과 장애인의 사랑(김대섭 <일탈, 아름답거나 추하거나>)에 내재한 문제들, 그리고 왜곡된 사랑에 의한 삶에의 절망(김병호 <미국, 그들의 아름다운 나라>) 등은 장애인의 삶에 대한 실존적인 고민과 사회 속에서 구별됨의 차별에 의한 절망 등의 곁길에서 좀 더 은밀하고 개인적인 영역에서의 장애인의 고민을 보여준다. 이는 장애인과 장애인 삶에 관한 적극적 노출이 시작되는 것과 동시에 장애로 가득한 현실을 살아가는 장애인들의 적극적인 삶 '투쟁'의 행위로 읽힌다.

● 장애인 인물의 개인 역사에 장애의 문제 이외에 전쟁 등 외부의 문제가 습합, 교직되면서 현재적 삶이 훨씬 더 고단해지거나 왜곡되는 등의 문제를 전면화 하는 소설이 등장했다.

홍진기 <칼금>(2000 당선), 홍지화 <아버지의 유산>(2001 당선), 이윤자 <우리들의 숨은 이야기>(2005 중편 당선), 손양호 <겨울 허수아비>(2007 중편 당선), 안승서 <호두 두 알>(2008 단편 최우수), 김홍곤 <신경섬유종>(2009 중편 우수), 윤남석 <팻물>(2011 대상) 등은 선천적으로 장애를 가지고 있거나 중도장애를 갖게 된 주인공이 일제강점기 강제 징용과 월남전 파병 등으로 국가에 동원되면서 자멸하거나 좌절 하는 등의 양상을 보여준다. 장애 문제로 불평등과 불운을 맞닥트려왔던 개인이 외부의 또 다른 문제와 사건으로 인해 더 깊은 상처와 절망을 경험하게 되는 비극의 절정을 도모한다.

소설의 주인공들은 부모의 원폭 피해 역사가 자신에게로 대물림 되면서 겪게 되는 이중의 고통을 호소한다. 가난에 지쳐 스스로 목숨을 끊는 아버지를 목도하거나(손양호 <겨울 허수아비>, 홍지화 <아버지의 유산>) 부모의 징병과 월남 파병 역사가 현재의 나의 문제와 맞물리면서(이윤자 <우리들의 숨은 이야기>) 혼돈을 경험하고 부모로 부터 유전된 원폭 증상(김홍곤 <신경섬유종>)에 절망한다. 강제 징용이나 원폭 피해, 월남 파병 등으로 치유할 수 없는 상처를 안고 사는 부모에 대한 이해와 장애를 발생하는 현재적 문제 속에서 주인공과 주변 인물들의 절망과 비극은 증폭되고 있다.

● 일상에 대한 탐색과 존재의 탐구, 환상성의 경험 등 소설의

소재가 다양해지고 주제가 확장되었다.

곽성근 <늪에 빠진 사내>(1991 단편 당선), 이원구 <어둠이 묻히는 길>(1992 당선작), 최명숙 <주변인의 빈터>(1995 당선작), 이원구 <여름 땅, 가을살이>(1996 단편 당선), 한미순 <알을 깨고 나오기까지>(1997 당선), 박상빈 <가짜 백남봉 칠순잔치 사건>(2006 단편 당선), 이순원 <주꾸미 축제>(2007 중편 가작), 김진균 <가사도우미>(2008 단편 우수), 김병호 <정류장>(2013 소설 가작), 김은하 <낯선 동행>(2013 소설 우수), 김태우 <새옹지마(塞翁之馬)>(2014 중편 가작), 이영열 <3.14159>(2014 소설 대상), 박자홍 <소년은 울지 않는다>(2015 산문부 우수상), 김병호 <허황된 꿈>(2015 산문부 가작), 제삼열 <열>(2016 산문부 대상), 전순덕 <콘트라베이스와 고등어>(2016 산문부 우수상), 서해웅 <밥 조(Bob Joe)>(2016 산문부 가작) 등은 다양한 소재로 소설의 풍경화를 펼쳐 놓은 듯하다. 장애, 장애인 소재를 벗어나서 인간 삶 전반에서 소재를 찾은 소설은 그 문학적 완성도를 평가하기에 앞서 장애인 창작 소설의 창의적이고 실험적인 도전을 시도했다는 점에서 유의미 하다.

2016년 대상을 수상한 제삼열의 <열>은 학창시절 장애인 친구를 가식적으로 도왔다는 부끄러움에 억눌려왔던 주인공이 성인이 된 후 장애인 동료를 돕게 되면서 지난 부끄러움의 상처가 치유되는 내용의 소설이다. 주인공은 장학사에게 장애인 친구를 도우며 느낀 점을 과시하듯 발표하고서 도움을 받은 친구의 원망을 듣는다. 이후 그는 괴롭힘을 당하는 친구를 눈앞에서 외면했고 그 때문인지 성인이 되어서도 누군가를 돕게 될 때면 알 수 없는 '열'에 시달리고 있다. 그러나 자신이 도움을 준 대상이 '특별하지 않은' 존재로 인식되었을 때 오랜 시간 괴롭혀왔던 미열은 사라졌다. 주인공의 인식의 변화를 개연성 있는 사건을 통해 전개하고 있고 생각과 심리 변화 등을 열을 통해 상징화하고 있는 점이 유의미하다.

새어머니의 성폭행으로 인한 충격으로 자신의 남근을 거세한 주인공 '털보' 개인의 슬픈 역사와(곽성근 <늪에 빠진 사내>) 무지와 가난으로 점철된 '대수'의 무기력한 일상의 답답함을 원색적으로 드러내고(이원구 <여름 땅, 가을살이>), 120억 유산 상속을 목적하고 아버지 칠순 생신에 가짜 백남봉을 초청한 두 형제의 촌극(박상빈 <가짜 백남봉 칠순잔치 사건>)등은 장애인 문학의 폭을 확장하는 시도로서 가치를 갖는다. 더불어 이영열 <3.14159>는 우연의 연속으로 탄생한 유한한 존재인 인간의 태생적 한계와 인연과 우연으로 얽혀 벌어진 일들의 슬픔을 간직한 채 우주의 영원성을 기대하는 다소 난해하고 철학적인 사유를 보여준다. 탄탄한 문장력과 함께 향후 장애인 문학의 방향을 보여주고 있다는 점에서 흥미롭다.

2) 시; 은유와 묘사에 대한 정직한 이해와 심화

역대 수상작에서 두드러지는 가장 큰 변화는 매 해 수상 작품들에서 은유의 정상화가 이루어지고 있다는 점이다. 장애인의 삶이 객관화되면서 개인의 경험에 국한된 사고가 즉물적으로 드러나는 방식은 점차 지양되고 있다. 시가 적당한 운율을 만들어내면서 흩어진 생각들을 모아 그것을 감각적으로만 표현했을 때 의미는 담길 수 없다. 지나치게 비약 되었을 때 이미 그것은 좋은 시가 될 수 없음을 이해하고 동의한 까닭이다.

● 은유를 통해 장애인의 신산함 삶을 드러낸 작품이 많아졌다. 시의 본래적 모습을 생각할 때에 언어는 조탁되고 감정과 상념은 곰삭아서 표현해야 한다는 사실을 새삼 상기할 수 있다. 수상작은 장애와 장애인을 소재로 하면서 현실에서 부딪치는 삶의 고단함을 상징화하는 데에 집중하고 있다. 장애인으로 겪는 장애 가득한 삶을 호소하거나 차별에 저항하는 성난 목소리를 여과 없이 분출하는 것에서 벗어나 감정과 현상의 중심을 뚫는 언어를 찾아내려는 노력이 실천되고 있는 것이다.

  2000년 이전의 당선작(김홍렬 <모자원 고개 혹은 삼육재활원>(1991 당선), 김안철 <맹인과 꽃나무>(1994 당선), 김성민 <어떤 결혼식>(1996 당선))에서 다루고 있는 장애와 장애인의 문제는 이를 극복하려는 강력한 의지와 여기서 비롯하는 갖가지 극적인 상황이 시의 주요 내용으로 상황의 긴장감이 생생하게 전달되고 있다. 비교적 짧은 행과 연으로 구성된 시는 압축적이고 빠르고 강한 어조로 행을 바꾸며 리듬감 있게 전개되고 있다. 이는 시가 장애 극복 의지와 삶의 열정을 전달하고 북돋는 데에 목적을 두었기 때문으로 이해된다.

그러나 2000년 이후(신성철 <바퀴위의 남자>(2004 당선), 손병걸 <엠보싱 로드(embossing road)>(2009 우수), 차강석 <징검다리>(2010 최우수) 등) 작품에서는 장애인이 자신을 바라보는 관점이 이전과는 사뭇 다르다. 장애인을 바라보는 세상에게 시선의 변화를 종용하고(세상이 아날로그에서 디지털로 바뀌는 날// 수평의 개념마저 잃어버렸다, // 그래서 그는 잃어버린 수평을 찾아 세상을 다시 아날로그로 바꾸기// 위해 시계 속으로 들어갔다. …중략… 수평과 수직은 각도의 차이 //각도만 바꾸면 수직과 수평은 같은 것// 다만 바퀴와 날개의 차이일 뿐 −<바퀴위의 남자>일부−) 장애여성의 씩씩하고 건강한 생활 의지를 긍정적으로 바라보면서 응원하고 힘을 얻는다. 그리고 자신의 내면으로 침잠하면서 장애적 상황에 대해서 차분하고 깊은 연민을 보내는 시선도 발견된다. 홍제천을 달리다, 건너다, 보다가, 부러워하는 차강석 <징검다리> 의 화자는 독자가 불광천을 걷는 화자의 모습의 부분 부분을 정지화면으로 보는 것처럼 느낄 수 있게 하면서 몰입감을 높이고 있다.

● 시의 소재와 제재가 다양해지고 상징과 이미지를 통해 시적 상상력을 자극하고 있다.

역대 수상 작품들에서 두드러지는 특성은 소재의 다양성과 함께 주제가 세련된 상징과 이미지의 방식을 통해서 실천되고 있다는 점이다.

우선 1990년대 수상작들은 장애가 있는 인물들의 고군분투(孤軍奮鬪)하는 삶의 모습과 존재에 대해서 천착하고 있는데 2000년대 수상작들은 부모님과 가족에 대한 연민과 사랑을 곡진하게 드러낸다. 고생하는 부모님의 모습이 낡은 배가 있는 가난한 어촌의 풍경과 겹쳐 드러나거나(강동수 <폐선(廢船)>(2009 최우수)) 병과 가난으로 고통 받은 부모님의 모습이 특정 매체와 이미지 등으로 구성되기도 한다. (이성제 <동행>(2002 가작), 한상식 <쌀>(2006 당선), 정광주 <거리에서>(2007 가작), 신성남 <아버지의 등뼈>(2010 대상)) 그리고 부모님이 계시는 가난한 '집'에 대한 깊은 이해와 애정(한상식 <멍석>(2003 가작), 정수남 <발랑리에서>(2005 당선), 손홍국 <뒤뚱 뒤뚱 잘도 걸어요>(2010 가작)), 삶을 긍정적으로 바라보는 시선에 동반한 웃음과 행복을 꽃으로 이미지화 하여 그것의 아름다움을 구체화 한다.(정미옥 <스스로 피는 꽃>(2006 가작))

또, 이희영 <처용단장(處龍壇場)>(2003 당선), 황종배 <아나브렙스의 눈>(2006 가작), 박창호 <표류>(2007 당선), 손병걸 <작설차를 마시며>(2008 우수), 문영렬 <그 곳에는>(2008 최우수), 손홍국 <나는 작은 먼지 한 톨>(2010 우수) 등은 존재와 언어의 심연을 두드려 다시 만난 나, 또, 시간의 존재와 언어를 예민하게 응시한다.

낯선 '것'과의 만남: 한국 장애인 문학 이해

2010년대 수상작은 관념이나 사물 등 특정 대상에 대한 '다른' 시선을 던지고 있다. 황신애 <책상의 한>(2016 운문부 대상), 윤신애 <실락원>(2015 운문부 대상), 심철수 <자비 송>(2011 최우수), 손병걸 <의자>(2011 우수), 박성진 <쏙>(2012 대상), 김성수 <완두콩을 까며>(2012 우수), 이진영 <외줄타기>(2012 우수), 최광현 <길>(2013 당선), 서해웅 <캔클락>(2014 당선) 등은 대상에 대한 새롭고 낯선 경험을 통해서 삶에 대한 관찰과 사색의 깊이를 더하고 있다.

　특히 서해웅 <캔클락> (…초침은 부푼 기대감으로 일어섰다가는//다시 기다림의 무게만큼 쓰러지고 만다// 어쩌면 시계란 흘러가는 것이 아니라// 기다리는 것의 무게를 재는 저울 같은 것// 파도치는 정동진역// 물새 떠나간 수평선 너머// 저 멀리 철길도 따라 이어져 있다.)과 최광현 <길>(만물의 숨소리까지 저장해 놓은 공간// 사람들은 비빌 곳을 찾아 가듯 //경계를 허물어 길과 한통속이 된다// 사람이 길에 있는 것인지// 길이 사람 안에 있는 것인지// 늘 같이 있었던 나무는 알고 있을까// 지긋이 웃고 있는 길을 사람들이 걷고 있다)은 이미 일반화 되어버린 개념과 상징성을 가지고 있는 시계와 길에 대한 새로운 의미를 명명하고 이를 적극적으로 드러내고 있다는 점에서 흥미롭다.

3) 수필; 삶을 사유하는 방식의 다양화

장애의 상황은 개인의 역사에 끊임없이 간여한다. 수없이 맞닥 트리는 장애의 현실은 타인으로부터의 소외를 발발하기도 하지만 스스로를 소외시키기도 한다. 냉랭하고 싸늘한 소외의 얼굴은 갖가지 표정으로 삶을 흩고, 모으고, 흔든다. 이러한 삶의 너울 속에서 살아가기란 갖가지 상념을 낳고 그것에 집중하는 시간은 곧 사유의 결실을 보여준다. 그것이 수필이다.

대한민국장애인문학상 수필 수상작들은 장애와 관련한 삶의 고단함과 회환 등을 온 몸으로 받아내어 정화하는 데에 천착한다. 특히 삶의 감사와 기쁨을 발견하면서 주어진 삶을 최선을 다해서 살아내려는 모습은 진정성까지 드러낸다.

● 전체 45편의 수상작 대부분은 삶을 사유하는 수필의 특성을 이해하며 차분하고 정돈된 감정과 생각을 고백하고 있다. 신미선의 <봄날을 기다리며>(2016 산문부 최우수상)는 과거에 대한 회상이 그리움에 그치는 것이 아니라 현재의 나에 대한 인정과 존중, 이해에 바탕하고 있음을 정돈된 어조로 말하면서 삶을 관조하는 수필의 성격을 구현하고 있다. 김미정 <남편과 물지게>(2015 산문부 우수상)는 물지게를 바라보며 어머니를 추억하는 남편을 바라보는 저자의 애틋한 마음이 평안하게 드러난다. 어린 시절 어머니의 수고를 덜어주기 위해 집 안에 우물을 만들겠다던 남편의 바람은 마을 상수도가 생기면서 이루어지지 못 했지만 현재 그것은 늙은 부모를 진정 사랑하고 염려하는 남

편의 눈길이 머무는 것이 되었다. 물지게가 더이상 낡지 않도록 니스와 페인트칠을 하려는 저자의 생각과 마음씀이 자연스럽게 글의 주제를 북돋고 있다. 그 밖의 다른 작품들에서는 저자의 장애가 가족 등 타인과 조화를 이루면서 살아가는 모습을 통해서 삶이 내재한 감사와 보람을 길어내고 있다.

박미경 <엄마의 엄지>(2012 최우수)는 저자가 어머니를 모시고 '허름한 짬뽕집'에서 식사를 하며 새삼 깨달은 어머니에 대한 사랑을 고백한 글이다. 저자는 20대 젊은 시절에 방앗간 일로 손가락 4개가 절단된 어머니를 보면서 '엄마처럼 억척스럽게 살지 않겠다'고 다짐하며 잃어가는 자신의 청력만을 고민하면서 살았다. 그런데 오늘 짬뽕에 든 홍합껍질을 한 손가락으로 눌러 벗기는 어머니와 마주 앉아서는 어머니의 상처를 발견할 수 있었다. 저자는 어머니의 이름으로 슬픔을 삼키고 인내로 살아오신 어머니의 상처를 치유해 드리겠다고 생각한다. 이는 저자가 물티슈로 어머니의 엄지를 닦아드리는 모습으로 현현된다.

서미애 <두 개의 지팡이>(2007 당선)도 79세의 허리가 굽은 시어머니와 다리를 절룩거리는 저자의 지팡이에 대한 내용이다. 저자는 시어머니와 장충체육관으로 '효' 공연을 관람하러 가는 길에서 상념에 젖는다. 남편도 없이 혼자 농사를 지으며 5남매를 길러내신 어머니의 굽은 허리는 몇 년 전 교통사고로 넓적다리에 철심을 박는 일까지 겹쳐지면서 더 굽게 되었고 지팡이를 의지하여 걷게 되었다. 저자는 소아마비로 걷지 못하는 자신을 여섯 살 부터 지팡이에 의존해 걷기 연습을 시킨 아버지 덕분에 지팡이를 만나게 되었다. 두 사람의 지팡이는 저마다의 역사를 새기고서 지금 나란히 서 있다. 저자는 어머니에 대한 연민을 느끼면서 공연을 보면서 한 쪽에 나란히 세워놓은 지팡이를 보며 가족에게 든든한 지팡이 역할을 하고 있는 자신을 발견하고 보람을 느낀다.

● 장애인으로 살아가면서 깨닫고 얻은 삶의 진정성이 포장 없이 전달되고 있는 작품을 만날 수 있다.

장애인으로 사는 신산한 삶을 이야기 하기란 독자들에게 동정을 얻기 위함이 아니다. 장애인으로 힘들고 어렵게 살아냈다는 자신감을 표출하고 싶은 달뜬 패기의 자랑도 아니다. 끊임없이 장애를 경험하고 한계를 불러들이는 가혹한 현실을 부정하기란 더더욱 아닐 것이다. 삶을 이야기 하는 것이 오랜 시간의 더께를 입고서야 너그러워진 삶에 대한 애정이고 격려이며 위로와 응원이라고 이해할 수 있는 까닭은 다음의 작품들을 통해서 가능하다.

박수경 <마중 가던 날 비는 내리고>(1999 당선), 임영자 <운동회와 휠체어>(2001 당선), 양미동 <지팡이 같은 친구>(2002 가작), 임영자 <용감한 꼴찌 파이팅>(2003 당선), 이남로 <매미 소리를 들으며>(2006 당선), 지미희 <나의 두다리 걷는 의자>(2008 가작), 이완호 <덤으로 얻은 생명>(2008 대상), 전병덕 <뒤웅에서 걸어나온 남자>(2009 최우수), 박점수

<버리고 비우는 마음>(2010 우수), 홍양진 <팡돌>(2010 우수), 서혜정 <요것만 잉>(2012 우수), 김삼두 <새우잠>(2013 우수), 김진옥 <32살 독립하다>(2014 우수) 등은 장애인으로 살아내야 하는 시간과 장애인으로 맞는 일상에 대한 정돈된 도전과 여문 감사를 보여준다.

유영희 <나도 한때는>(2004 당선)은 비장애인으로 장애인 시설에 봉사 다녔던 경험을 이야기하면서 현재 장애인이 되어서 경험한 장애인 차별의 문제의식을 온 몸으로 제기한다. 장애와 비장애의 관념적 간극을 체험한 저자는 비장애인으로 자원봉사 했던 시설의 장애인을 정말로 사랑하고 있었는지에 대해서는 회의하고 있다. 중도장애인이 된 저자의 고백은 체험을 바탕으로 하고 있기에 독자로 하여금 깊은 공감을 불러온다.

일련의 작품들은 고통의 시간을 지나온 현재를 화려하게 포장하지 않고 과거 또한 과도한 슬픔으로 덧칠하지 않음으로써 읽는 이들에게 울림을 전달한다. 현재와 과거, 미래에 특별한 이름표를 부여하지 않는 행위야말로 진실하게 시간과 삶을 대하는 자세이다.

● 일상에 공존하는 타인과 사물에 대한 애정을 통해서 삶과 사람, 추억에 대한 경외와 애도를 경험하게 돕는다.

이광민 <어머니의 된장독>(2000 당선), 이정경 <된장>(2009 우수), 장인옥 <두 여자의 눈물>(2011 우수) 등은 된장과 된장독을 매개로 사람 사이의 정과 지혜의 아름다움을 구현하고 있다. 이광민 <어머니의 된장독>은 어머니의 된장독을 바라보면서 그것에 담긴 어머니의 지혜와 사랑을 기억하는 저자의 마음이 잔잔하다. 아내에 의해 외면당한 채 베란다 한 구석에 박힌 어머니의 된장독은 언제든 어머니를 기억하게 해주는 매개이다. 이정경 <된장>은 된장을 퍼 담아 주는 시골 노인의 넉넉한 마음을 통해서 삶의 기쁨을 발견하고 또, 감사한다.('시골 인심이 좋은 거여, 아니면 내가 공짜를 좋아하는 거여?' 분명 나는 음력 사월이 되면 할머니 댁에 된장 얻으러 갈 것이다. 할머니는 흐뭇해하며 연신 맛있게 먹으라는 말을 얹어 된장을 퍼 줄 것이다."이정경 <된장>(2009 우수) 일부) 안정된 문장으로 간결하게, 경쾌하게 이야기가 진행되고 있는 것은 이 글의 미덕이다.

수필은 삶에 대한 관조적 태도를 담지 한다. 여기에는 시간과 사람에 대한 애정과 화해가 내재되어 있다. 그래서 수필은 자기 합리화를 위한 읊조림이 될 수 없다. 따라서 삶에 대한 진지한 고민이 구체적으로 현현된 정도가 곧 좋은 수필의 가름대가 될 것이다. 수상한 대부분의 작품들이 모두 편안하게 읽히는 것은 앞서 말한 수필의 성격을 이해하고 있기 때문이다.

4) 아동문학; 재미와 교훈이 어우러지는 문학 '되기'의 과정

아동문학은 어린이를 대상으로 하는 문학텍스트이다. 어린이의 마음을 가지고 싶은 성인을 독자로 의식하기도 한다. 누구를 대상으로 하느냐의 문제에서 유독 아동문학이 갖게 되는 부담감은 독자들에게 전달해 주어야 할 감동과 교훈, 즉 교육적 목적의 성취 정도로 그 정도가 작지 않다. 그래서 동화는 이야기의 '힘'을 가지고 있어야 한다. 또한 이야기가 주제를 설명할 수 있도록 배치, 전개되어야 한다. 환상성 또한 여기에서 자유로울 수 없다.

● 일련의 아동문학 수상작들은 짜임새 있는 이야기를 통해서 감동과 교훈을 전달한다. 이는 주제를 통해서 교훈을 생산, 전파하여 아동을 교육하는 데에 활용하려는 동화의 비대한 효용성을 경계하는 노력과 실천으로서 매우 바람직하다.

한미순 <또 하나의 하늘>(1995 당선), 김양자 <엄마의 노래>(1996 당선), 김희철 <소리길>(2006 당선), 김은경 <동생을 돌려주세요>(2011 우수), 이상엽 <수탉>(2013 대상), 이소나 <조금 느려도 괜찮아>(2014 최우수) 등의 작품은 이야기의 완성도를 고민하고 또, 일정부분 성취하고 있다. 이를 통해서 동화는 독자들에게 독서의 즐거움을 선물하고 동시에 주제를 무사히 전달한다.

작품 중 특히 주목할 것은 2013년 산문부 대상을 수상한 이상엽 <수탉>이다. <수탉>은 이야기로서 동화의 주제를 전달하는 데에 완벽한 성취를 보인다. 동화는 아버지와 수탉을 병치하면서 부정을 상징화 하는 동시에 상징과 은유의 기법을 적절히 활용하면서 자연스럽게 가난한 아버지의 정을 이야기의 표층으로 끌어올리고 있다.

● 이야기를 통해서 장애인과 그 가족에 대한 이해와 반성의 기회를 제공한다.

김양자 <엄마의 노래>는 시각장애인 부모를 둔 민지가 소풍이나 운동회 날 겪은 감정의 혼란스러움을 독자로 하여금 인정하게 하면서 가난하지만 건강하게 살아가는 민지 가족에 대한 이해와 위로의 마음을 북돋는다. 김희철 <소리길>도 시각장애 어린이들을 주인공으로 전혀 앞을 보지 못하는 전맹과 희미하게나마 보이는 약시를 가진 시각장애인 사이의 오해와 갈등을 보여주면서 시각장애인에 대한 정보를 제공하고 이들에 대한 이해를 돕는다. 특히 찬미의 mp3를 훔친 범수가 사찰체험에 가서 범종을 치며 눈물을 흘리고 자신의 행위를 반성하는 모습은 어린이다움의 본보기가 되고 있다.

● 세상의 변화가 어린이들에게 끼치는 영향을 고민하면서 어린이의 순수성과 주체성을 지켜내려고 한다.

순수로 대변되는 아이다움의 보존은 1995년 당선작 한미순 <또 하나의 하늘>에서 시작을 찾을 수 있다. 마을 개발에 따른 사람들의 변화―이웃 간의 정이 사라지고 경쟁과 질투가 가득한

-를 아쉬워하는 주인공을 통해서 그래도 변하지 말아야 할 것이 있음을 깨우치는 동화는 이후 다문화사회 문제에 대한 관심으로 발전하고 있다.

탁노균 <엄마의 미소>(2007 당선), 최웅진 <쌍둥이 소나무>(2008 우수) 등은 다문화 가정의 어린이를 주인공으로 나와 다른 이들에 대한 정당하지 못한 차별의 문제를 부각시키면서 인정과 존중의 성숙한 다문화 의식을 강조하고 있다. <엄마의 미소>의 주인공 세미가 베트남 엄마를 부끄러워하지 않고 배식 도우미로 온 엄마에게 당당히 걸어가서 반찬을 받고 돌아와 씩씩하게 밥을 먹은 행동은 반 친구들에게 놀라움이었다. 그리고 이 일을 계기로 세미는 놀림의 대상이 아니라 주체로서 반 구성원이 된다. 동화는 스스로 자신을 바로 세우는 세미의 의지를 격려하고 이의 중요성을 전달하고 있다. 반 친구들이 더 이상 세미를 놀릴 수 없는 것은 설명하지 않아도 이해된다. <쌍둥이 소나무>는 가족이 임시 보호하고 있는 혼혈아 지우를 창피해 하던 지우가 자신이 태어난 해 심은 소나무를 보고 가족의 사랑을 깨달으며 지우 나무를 자신의 나무 곁에 심는 이야기다. 모든 존재가 사랑 받아 마땅하다는 깨달음은 지우의 나무심기를 통해서 자연스레 이해되고 있다.

지금까지 일련의 수상작들은 비교적 빠른 사건 전개와 선명한 주제의식이 아동문학의 성격임을 잘 이해하고는 있다. 그러나 주요 등장인물의 성격이 지나치게 평면적인데다 주제 또한 과하게 교훈적이어서 가장 중요한 '재미'를 놓치고 있는 듯하다. 주인공이 혹독한 삶의 현실과 대결하여 이를 극복하는 것이든, 선행의 아름다움이든 동화는 재미 속에서 독자에게 의미와 가치를 전달해야 한다. 동화 속 인물의 상황과 의인화 된 사물에 대한 공감과 몰입이 쉽지 않은 것은 그들의 '바람직한' 행위에 초점이 맞춰진 때문이다. 갈등과 감정의 생생함이 이야기를 살아있게 한다는 것을 잊지 말아야 할 것이다.

3. 장애인 문학의 과제와 지향

문학이 가난하고 결핍된 자들을 위한 것이라면 그것은 왕성하게 향유해야 할 대상이다. 결핍된 자들의 모습을 형상화하는 문학은 사회 구성원으로서 누락되는, 즉 통계와 수치로는 알 수 없는 결핍된 개인을 회복하기 때문이다. 그리고 인간 삶의 보편성을 꾸준하게 구축해갈 수 있기 때문이다. 문학이 무엇을 할 수 있을까? 의 담론이 지속적으로 재생산되고 있는 것 또한 이러한 책임과 목적에서일 것이다.

장애인 문학은 새로운 보편성의 기준을 제시할 수 있어야 한다. 문학을 통해서 소수자로서 장애인의 존재론적 가치를 밝혀야 하고 이를 통해 경계 밖으로 내몰린 현재적 상황을 전복할 수 있어야 한다. 즉, 문학을 통해서 장애를 독창적인 '가치'와 '아름다움'으로 현현할 수 있어야 하는 것이다. 이는 장애와 비장애를 허물고 이미 견고해진 비장애 문화로의 진입을 열망하는 것과는 구별되는, 문학의 보편성을 획득하려는 노력이다.

이를 위해서는 장애인 문학에 요구되는 몇 가지 과제가 있다.

● 새로운 소재의 발굴과 인물, 사건의 입체적 구성과 전개가 필요하다.

대한민국장애인문학상 수상작들은 다양한 소재를 선택하고 있다. 이는 2000년대 들어 두드러지는 특징이기도 하다. 자신의 장애와 장애인으로 사는 삶이 글의 소재가 되는 것에서 벗어나 다양한 소재를 발굴하고 이를 형상화하는 작업은 작품의 독창성 획득을 돕는다. 더불어 인물의 성격을 입체적으로 구성하고 단선적 사건의 전개를 지양하려는 의식에 바탕 한 창작은 작품에 대한 중층적 이해와 해석을 불러올 수 있기 때문에 문학적 완성도 높은 작품으로 결실 맺을 수 있다.

● 대상에 대한 세밀한 관찰과 사색, '낯섦'에 대한 인식과 재인식이 필요하다.

현상과 대상에 대한 '낯설게 보기'가 실천되어야 한다. 보이는 대로 형상화 된 문학은 울림을 줄 수 없다. 현상 너머에 있는 본질을 탐색하려는 노력은 보이는 것이 감춘 다른 얼굴을 마주하거나 새로운 얼굴을 만날 수 있게 한다. 늘 바라보는 하늘과 늘 만나는 사람들에 대한 보다 세밀한 관찰과 사색은 사고의 깊이를 더하고 사유의 폭을 확장하며 이를 곧 창작으로 안내한다.

● 장애인 문학의 개성과 독창성을 적극적으로 의식해야 한다.

장애인 문학으로서 장애인 창작 문학의 강점은 인간의 삶에 있어서 장애 또는 장애인과 관련된 깊은 고통의 심연을 두드려 보는, 그러한 절박성의 강도를 엿볼 수 있다는 점이다.[27] 그 절박함이 문학으로 승화 될 수 있도록 장애에 대한 깊은 이해가 필요하다. 보여지는 대상으로서 장애를 인식하는 데서 출발한 창작 태도는 장애인 문학의 독창성 구현을 요원하게 한다.

● '장애'에 대한 다양한 고민과 사색이 필요하다.

장애인 창작 활동은 장애를 모든 권력과 지위를 차등 배정하는 근거로 삼으려는 시도를 견제할 수 있어야 한다. 문학은 결핍과 상실, 소외에 천착한다. 장애, 장애인은 당연히 문학의 모티프가 된다. 장애인 창작 문학이 정작 자신은 느끼지 못 하는 장애를 끊임없이 '인식하라' 요구하는 현실의 장애를 고발하고 분노하는 것에 그친다면 그 역할과 힘을 방기한 것이다. 자족의 모습 또한 바람직하지 않다. 장애의 독창성에 대한 다양한 고민과 사색이 필요하다. 이는 낯설게 보기를 경험하고 실천하면서 가능할

---

[27] 차희정, 앞의 논문, 2012.

것이다. 일반적인 사고와 현상에 동의하기를 거부하는 것이 낯설게 보기이다.

장애를 바라보는 장애, 비장애인의 시선에 담긴 생각의 본 모습을 들춰낼 수 있어야 한다. 그것을 구성한 일련의 경험들을 헤집어 내는 것은 문학이 가진 상상력으로 충분히 형상화 될 수 있을 것이다. 풍자와 해학의 가치도 여기에서 찾을 수 있다.

● 입상 작가들의 원활한 소통을 권장, 지원하고 작품 공모의 적극적 홍보가 필요하다.

기왕에 뜨거운 창작의 열기를 지속적으로 유지하고 장애인 문학의 융성과 발전을 위하여 더 많은 신진 작가 발굴이 필요하다. 또한 공모를 통해 등단한 작가들이 교류, 소통 하면서 작품의 완성도를 제고하고 신선한 자극을 받을 수 있어야 한다.

대한민국장애인문학상에서 여러 차례 수상 경력이 있는 작가가 많다. 이들의 창작 활동이 지속, 유지 될 수 있도록 작품 발표의 장이 확대되고 창작 활동을 지원하는 사회적, 제도적, 문학적 시스템의 필요가 절실하다.

● 장애인 문학 연구가 활발해져야 한다. 이미 미국과 영국 등 유럽에서는 장애인 예술을 '특별한' 예술로 향유하고 있으며 장애를 특별한 '개성', 예측할 수 없는 창조적 '에너지'로 인식하며

독창적 문화 창조를 기대하고 있다. 이에 장애인예술 연구와 교육이 체계적으로 진행28)되고 있다. 한국문학의 장을 확장하고 문학의 다양성 구현을 위해서 장애인 문학 연구가 뒷받침되어야 할 것이다.

● 장애인 문학 연구는 여타 학문과의 협업을 통해서 한국 사회에 만연한 소외와 배제, 차별의 문제를 치유, 봉합 할 수 있는 구체적 방안을 지원하고 이를 지속적으로 증폭, 확산 할 수 있다. 타자의 구현 표상으로서 장애와 장애인을 '아는' 것의 양태를 확인하고 구성원의 '개성' 존중이 담보된 안정적 사회 건설의 지향 또한 장애인 문학 연구에서 시작될 수 있을 것이다.

● 장애인 문학 연구를 통해서 학문적, 사회적으로 기대할 수

---

28) 한국문화예술위원회(http://www.arko.or.kr/)는 2016년 12월 1일~4일 "한•영 문화예술 컨퍼런스"를 개최했다. 컨퍼런스는 "예술과장애"라는 주제로 한국과 영국 양국의 장애예술과 문화 다양성 정책 현황을 소개하고 비전을 제시하였다. 영국 브라이튼 대학교 앨리스 폭스 교수는 영국의 발달장애인 예술교육 현황과 대학의 정규 학과로서 장애인예술과 교육에 관한 학문 탐구의 실천 사례를 소개하였다. 대회 3,4일에는 장애와 비장애인이 무용수로 함께 활동하는 세계적인 현대무용단 'Candoco Dance company'의 공연도 있었다. 장애인예술에 대한 이해와 향유를 촉발하는 동시에 정책적, 학문적 관심과 지원의 구체적 실천이라 할 수 있을 것이다 특별히 2017년은 한국과 영국의 장애인 작가들이 공동으로 전시 기획을 하거나 공연을 진행하는 등의 구체적 행사 기획을 가지고 있다. 2017년 3월29일에는 "문화다양성 정책포럼"을 개최하여 'UN의 문화다양성 협약과 국내 문화다양성정책','국내문화다양성 교육의 현재와 미래 발전 방안'등에 관한 논의를 계획하고 있다.

있는 다양하고도 구체적인 효과를 예상 할 수 있으며 이를 통해 인문학 연구의 중층성을 확보하고 문화복지 실현을 앞당길 수 있다.

1) 학문적 측면

- 장애인문학이 문학으로서의 보편성을 획득하고 한국문학의 한 범주로 자리하여 한국문학의 외연을 확장 할 수 있는 계기를 마련 할 것이다.
- (학제간연구) 다층적이고 장기지속적인 접근 방식을 통한 장애인 관련 후속 연구를 촉발하고 이의 질적인 도약을 기대할 수 있다.
- 기축적된 장애인 복지와 재활 연구에 새로운 관점과 연구 방식 제공
- '장애인문화예술향유' 등 문화예술복지 분야 연구 추동
- 예술치료 분야의 유효적절한 자료인 동시에 예술치료 연구의 근거
- 성과중심, 승자독식 사회 제현상에 대한 심리학, 사회학 분야 연구 추동
- 패션, 산업 분야의 '유니버설'한 디자인 창조와 연구에 구체적 조력
- 장애와 장애인식 개선을 위한 다양한 학문적 노력 촉발
- 중국, 일본 등 동아시아 장애, 장애인 인식 등의 다학제적 아젠다 창출
- (후속연구) 소수자문학으로서 장애인문학의 성격을 구명하기 위한 후속 연구를 기대할 수 있다.

- 새로운 관점과 연구방법론으로 장애인문학의 심층적 탐구 가능
- 문학을 통한 중국, 일본 등 동아시아 장애, 장애인 연구 아젠다 창출
• (교육과 인력양성) 사회통합과 복지국가 실현 목적으로 청소년과 성인 대상 다양한 교양교육 및 교수자 양성을 위한 교육자료로 활용 할 수 있다.
- 국가주도 '예술지도사' 양성교육 활용('장애인문화예술교육' 교과 개설 등)
- 심리상담사 양성교육 교재로 활용
- 예술치료 교과목의 교육(이론 및 실습)교재로 활용
- (교육과 재활) 문학치료 및 장애인 재활을 위한 글쓰기 교육의 적절한 교재가 개발 될 수 있을 것이다.
- 우울증 등 심리치료를 위한 문학치료적 자료로 활용
- 지체, 정신지체 장애인의 재활을 위한 글쓰기 교육의 적절한 자료로 활용
• (성과확산) 『한국장애인소설선집』과 『한국장애인소설연구』의 장애인문학 총서 발간을 통해서 장애, 장애인 담론을 양산하고 이를 확산할 수 있을 것이다.

2) 사회적 측면

• 장애인과 비장애인의 상호 이해와 공생의 의지를 진작하는 인식과 경험의 기회를 제공할 수 있다.
- 개성으로서의 장애 이해와 장애, 장애인에 대한 순수한 관심 도출
- 다문화 사회 구성원 간 원활한 소통 진작

- 장애인 소설 독서 경험의 기회 제공

• 반성과 자아성찰의 기회를 제공하고 사고의 전환과 제고를 실천하는 성인대상 '인문학프로그램' 개발을 추동할 수 있다.
- 소외, 차별에 대한 반성과 자기성찰의 다양한 프로그램 개발
- 성인과 대학생 대상 자아성찰 프로그램 개발
- 초등생 및 중고등 학생 대상 '눈높이 타자철학' 프로그램 기획, 개발
- 문화예술 및 인문학교육 관련 청년 사회적 기업 창업 아이디어 제공
- 장애인의 자존감 및 주체성을 진작하는 인문학 프로그램 개발

• 근래 문화예술이 집중하는 '다양성'의 가치와 아름다움을 발견하고 새롭고 다양한 문화 생산을 추동하는 구체적 방안을 기획 할 수 있을 것이다.
- 장애인 문학 교류, 장애인 창작 도서전, 문예백일장(국제), 장애·비장애 문학 기행 등 문화예술 향유 기획
- 장애, 비장애인의 다양한 협업 문화예술 기획(영국 candoco 무용단예)
- 문화예술 창작 분야 창의적 비전 제시
- 영화, 다큐멘터리 제작을 위한 서사텍스트로서 장애인 소설 가능성 타진
- 장애, 비장애인의 협업을 통한 고품격 문화예술 창조와 향유 기회 제공

작가 김원일은 "소외된 사람들에 대하여 인간적 가치를 두는

것이 소설의 본 임무라고 생각하고 있다"29)고 말했다. 어쩌면 이 말은 장애인 작가들에게 적지 않은 책임의 무게를 던지고 있지만 장애인 문학의 성장과 지평을 마련하기 위한 지금까지의 걸음을 격려하고, 준비하는 새 걸음을 응원하는 뜻으로 이해 할 수 있다. 장애인 문학은 이제 문학이라는 큰 숲을 향해 걸음을 떼었다. 창작자의 시선은 점차 개성을 가지게 될 것이고 대상에 대한 이해와 그 표현 또한 예리하고 섬세해질 것이다. 많은 이들의 관심과 독서의 실천이 보태질수록 재미있고 감동적인, '새롭고 낯선' 문학을 튼튼하게 키워갈 수 있을 것이다.

---

29)「명사대담」,『솟대문학』2004여름 54호, 2004.

문예의 이해성과 의지 및 사상 연관성

―상응시론相應詩論 소고小考. 2.

서정남 · 시인, 평론가

1. 들어가며

　스티븐 호킹의 학문적 실수에 대한 고백을 신문에서 보고 놀라움과 큰 감동을 받은 바 있다. 정보가 블랙홀에서 파괴된다는 기존의 생각을 대응이론을 보고서 수정했다는 것이다. 인간은 고장 난 컴퓨터와 같으며, "천국이나 사후세계를 믿는 것은 죽음을 두려워하는 사람들을 위한 동화일 뿐"이라고 했던 말은, 흡사 오마르 하이얌이 "천국이 별것인가 욕망충족의 환영"30)이라 했던 시를 상기시켰다. 대응이론이 무엇인가? 한마디로 '자연계의 만상은 천계의 만상에 상응하는 현상'이란 이론으로 필자는 '대응' 대신 '상응'이란 용어를 사용한다. '대응'은 주객 대립개념의 뉘앙스가 강하여 상응현상의 주제를 논의하는데 부적절하기 때문이다.31)

　먼저 문예文藝의 개념과 이해의 개념을 별견瞥見해 본다. 문예의 원래 뜻은 '창작', 시작詩作' '문학'의 뜻으로 문학이란 뜻이 다의적이며 모호하므로 예술적 가치실현을 목적으로 하는 창조

---

30) 루바이야트. 이상옥 역. 2014. 민음사. P.100
31) DLW 376-377항. 문학의 길에서 꽃을 줍다. 전국대학문예창작학회 엮음 2016. 10. P.117. 비의 참조

적 문학의 뜻으로 사용하며, 문학이 예술 이외의 비미적非美的 학문적 영역까지 포함하나, '문예'는 예술의 영역에 속하는 언어예술만을 한정한다. '문예'는 회화, 조각, 음악과 같은 예술의 종류이나, 언어를 표현매체로 하는 점에서 다른 예술과 다른 복잡한 구조와 독자적 본질이 있다.32)

딜타이Dilthey는 형이상학에 관하여 생의 내면적인 직접적 체험에 기초를 둔 철학을 주장하고 생의 구조연관構造聯關, 작용연관作用聯關에서 정신현상을 이해하려고 하는 구조심리학의 기초로 삼았다. 생의 객관화의 문제에서 역사를 중시하고 모든 문제를 생의 표현으로 보고, 체험, 표현, 이해의 연관에서 해석학의 기초를 확립하고, 특히 예술작품의 해석에 대한 '문예학'을 확립했다. 그는 기쁨 슬픔 외로움 등의 정서들은 내적 지각을 통해서 체험되는 것이고, 외적인 지각은 오관을 통해서 외부세계를 받아들이는 것이라 했으며, 내적인 지각의 본질은 그의 주관과 객관의 통일에 있다고 했던 바, 이 같은 주객 대립의 극복이 삶의 카테고리로서의 체험의 특징이라 했다. 그는 또 '이해'는 삶의 표현들의 내적인 파악으로서, '이해'는 인간의 정신적인 소산들을 파악하는 해석학적인 수단"으로, "우리는 자연은 설명하고 정신생활은 이해한다."고 말함으로써 자연과학과 인문과학과의 방법적인 차이를 말했다.33)

본 주제의 논의를 위하여 딜타이의 '해석학적인 수단'처럼, '우

---

32) 세계문예대사전. 문덕수편저. 1994. 교육출판사. P.620
33) 현대철학의 이해. 이규호. 숭의사. 1962. p.248-257

리 삶의 내면적 정신적인 소산들을 내적 지각과 함께 외적 지각까지 삶의 체험범주를 27년간 동시에 직접 체험한 스베덴보리의 저서와 사상에 근거34),(상응론이라 함) 논의하고자 한다.

2. 이해성understanding과 의지will

詩의 에스프리 즉 시정신은 영어의poetry, 희랍어의 poein인데 '행하는 것' 과' 만드는 것' 즉 행동과 창작이라는 의미가 있다. 시인 poet도 '만드는 사람'의 뜻으로 시를 창작하는 자를 뜻한다.35) 그리고 에스프리esprit(프)는 '정신' 또는 '기지'나 '재기才氣'를 뜻하며 라틴어의 원의는 '호흡'을 뜻하며 프랑스 문학의 특색인 사회비평, 인생비평도 에스프리의 소산이라고 할 수 있다.36)

이해성은 폐장에 상응하고, 의지는 심장에 상응하며, 폐장의 호흡과 심장박동이 함께 이루어질 때 생명이 유지된다. 결국 시정신(호흡)이 인간의 생명유지와 연관되어 있다는 신비한 원리를 실증한 셈이다. 또한 일상생활에서 문언으로써 의사 전달을 하려해도 전혀 이해하지 못하면 의사소통이 안 되어 답답해죽겠

---

34) Swedenborg's works. Edition,전질 32권 및 그의 시집과 by Norman Berridge. The Natural Basis of Spiritual Reality. 1992. 387쪽 전체. 졸저 천상의 언어/ 지상의 언어. 2010.한국문협. 부록 p. 450 편람 등.
35) 현대시학. 홍문표. 양문각. 1988. p.71..
36) 세계문예대사전. 문덕수 편저. 교육출판공사.p.1214

다고 호소한다. 해부학적으로는 폐장의 호흡이 중단될 때 답답함을 느끼는데도 말이다. 또한 우리의 삶은 자아실현의지의 과정인데, 그 의지실현이 좌절당한 극도의 스트레스로 심장마비를 일으켜 죽는 경우도 있다. 즉 이해성과 의지의 협동(결합)이 없으면 어떠한 감각적 생활이나 적극적 정신생활도 불가능한 연관성이 있음도 입증된 셈이다.37) 생명의 제1원리는 뇌 안에 있고, 그 상세를 입증한 단행본과 방대한 자료가 책으로 나와 있으나, 이해성과 의지가 생명유지의 요체인 동시에 사상과도 심오한 연관성이 있음을 약술함으로써, 글을 쓰고 책을 출간하는 사람들에게 상응론의 구조연관 작용연관의 이해가 왜 필요한가를 예증할 것이다. 더더욱 신비한 것은 혼전의 남성은 '의지'이고 여성은 '이해성'으로 상응하나, 결혼 후에는 남편과 아내가 '이해성'과 '의지'로 바뀜으로써 참된 부부생활이 실현되도록 창조된 비의38)도 생략한 채 사상의 연관성만 짧게 살펴본다.

3. 사상의 연관성

어떠한 사람도 폐장의 호흡(이해성)과 동시에, 심장(의지)이 일치하지 않으면 아무것도 생각할 수 없다. 즉 호흡이 깊고 차분하면 생각도 깊고 "차분해지며(조용한 관조), 폐장의" 위축과 팽창에 따라 사상도 달라진다. 또한 언어의 지극히 미

---

37) 앞의 같은 책 DLW 403-407항.
38) 혼인애. 스베덴보리 저. 이영근 역. 예수인. 2000. 7. 801쪽 전체.

세한 목소리도 폐의 동시적 도움 없이는 입 밖으로 발성되지 않는데 그 이유는 음절의 결합으로 이루어진 낱말의 소리는 폐장의 기관과 후두개喉頭蓋를 거쳐 나오고, 언어의 본질은 애정(affection)에 상응하며, 낱말의 음절은 애정에서 나온 사상관념에 상응하기 때문이다. 문학이란 언어예술도 언어의 애정과 사상과 문자와의 만남(결합)에 의해 이루어지는 상응현상이요 총명과 지혜의 발현으로서 창조적 삶의 모습인 것을 알 수 있다. 그러므로 언어가 존재의 집이라면 문학은 사상의 거실이라 할 수 있을 것이다.[39]

4. 나가면서

지금 까지 문예와 이해성, 의지, 사상을 주마간산 격으로 고찰했거니와, 여기서 잠깐, 초자연적 정신세계의 체험과 표현을 이해하기 위해 지정합일知精合一의 정령미학精靈美學 이미지즘을 보여준 한 세미나에서 논의된 바, 외적 감각 만에 의한 문학작품의 공소성空疎性의[40] 지적이야말로 본 주제 해설과 관련, 뜻밖에 만난 명 강연으로 여겨져 상기하고자 한다. 그 교수가 예로 든 William Blake의 시작품에도 상응현상으로 나타나 있을 뿐만 아니라[41]

---

39) DLW. 382-383항 및 필자의 수필집<행복한 뱃사공>은혜미디어. 2005. P.42-44. "말과 글과, 글과 사람됨"
40) 한국현대시인협회 2016. 가을 문학세미나에 발제 강연한 김동수 교수. 리포트. P.29-36.
41) Keeping company with The Poets. published by seminar 1998. 20

셰익스피어를 비롯한 워즈워드, 괴테, 콜리지, 롱펠로우, 에스라 파운드 등 수많은 문학작품에 상응현상이 나타나 있는 작품들은 참고로 제목만 열거하면서42) 감각적 지각에만 의존한 허다한 저술가와 사상가들이 천계를 외면한 탓에 공소한(허풍43)) 느낌을 받은 적이 있다. '권력에 대한 의지'44)에 의해 보석 같은 정신적 자산을 어느새 자기 것으로 도둑질한 사실에45), 경악과 함께, 모든 악의 근원은 합리성과 자유의지를 오·남용하는데 기인한다는 천계비의46)에 거듭 놀랐다. 영적인 마음이 닫히면 자연적인 마음은 천국의 모든 것에 반동하고 이 세상 물건의 소유 수단이 아니면 그것들이 들어오지 못하게 한다. 악령들의 말(글:필자주)은 악한 애정에서 나오기 때문에 천사들에게는 코를 찌르는 악취와 같다.47) 위선자의 말도 외현은 천사들의 말과 비슷하나, 사상관념은 악한 애정에서 나오므로 전혀 다르다. 그러므로 천사들이 지각하듯 그들의 속셈이 드러나면 이를 가는 듯 공포로 시달린다. 말은 잘 하고 글은 잘 쓰는데 사람됨이 역겨워 그 자리를 떠나버린 경험을 종종했다. 그래서 말은 곧 그 사람이라고 했던가(뷔봉).(*)

Bloomsbury Way,
 London WCIA 2TH. P.26.
42) 앞의 자료전체 총 171쪽.
43) 하나님의 사랑과 지혜. 1985. 스베덴보리 신학연구회. 정인보역. p.184-185. DLW.361항
44) 내가 사랑한 책들. 오쇼 강의. 박형진 역 젠토피아. p. 107.- 109
45) 사람의 합리성과 자유(인간고유의 기능)를 오. 남용하는 것이 악의 근원임- 앞의 책 DLW. 264-265항 이하
46) DLW.264-265
47) 스베덴보리 저 천국과 지옥. 245항

고전 수필을 통해서 본 조선의 어머니는 현대의 어머니

이성림 · 명지전문대학 문예창작과 교수

고전 수필을 통해서 본 조선의 어머니는 현대의 어머니

사람다운 사람, 인간다운 인간이 그리운 세상살이가 되었다. 아무리 세월이 흘러 세상이 바뀌고 변화한다하더라도 불변하는 영원한 가치라는 것이 있다. 그것을 이름하여 고전이라고 생각한다. 한국문학사 기술에서 서포 김만중이 차지하는 비중은 여러 가지 의미에서 대단히 깊고 포괄적이다. 한국문학사를 말할 때 김만중을 빼놓고 기술할 수 없음은 주지의 사실이며, 한문 작문 능력이 뛰어났을 뿐만 아니라 여느 사대부와는 다르게 한글의 활용에도 적극적이었다는 점에서 의미를 부여하고자 한다. 넓은 의미에서 김만중은 조선시대의 학자요, 선비요, 정치인이요, 작가요, 충성스러운 신하요, 집안에서는 효행의 삶을 실천한 효자 아들로서 다양한 면모를 가진 인물이라 할 수 있다.

이렇게 출중한 아들을 길러내신 어머니는 어떤 분이셨는지 알아보는 것은 매우 중요한 교육적 단서를 제공해 주는 일이다. 어머니께서 돌아가신 후 바로 서포가 집필한 <윤씨부인행장>을 살펴보면 오늘날에도 그대로 적용될 수 있으리만치 훌륭한 교육관을 갖추신 어머니 모습을 찾아 볼 수 있다.

고전 수필인 <윤씨부인행장>을 보면서 보다 더 확실하게 서포의 전모(全貌)와 어머니의 평소 생활상 속에서 형성된 서포의 인문학적 가치관을 충분히 짐작해 보게 하고 있다.

정치인으로서의 서포가 아닌 문인으로서의 현실 참여적인 면모와 더불어 인간적으로 어머니를 위한 효성스런 삶에 얼마나 전력했던가를 보여주는 내면에 대하여 <윤씨부인행장>을 통하여 입증해 낼 수 있다. 만고의 진리인 효성이란 덕목과 어머니로서 모범을 보여주신 깊은 교육철학을 다시금 혼탁한 요즈음 세상에 되살려 보는 의의를 찾을 수 있었다.

1. 문헌적 특징- 『윤씨행장』의 내용

원제는 <선비 정경부인 행장(先妣 貞敬夫人 行狀)>이다. 윤씨의 둘째 아들인 서포 김만중이 남해에 귀양 가 있던 1690년에 어머니의 임종 소식을 듣고 지었으며 『서포선생집(西浦先生集)』에 실려 있다.

이 행장은 한문본 뿐만 아니라 언해본도 전하는데, 언해본은 고종 연간에 필사된 것으로 보이는 것과 김만중의 가문에서 전해 오는 <정경부인 해평 윤씨 부인 행장>이 있다. 이는 그 후손들과 집안의 부인들에게 널리 읽히기 위해 언해한 것으로 보인다.

윤씨 부인은 해남부원군 윤두수의 4대 손이며 영의정을 지낸

문익공 윤방의 증손녀이자, 이조참판을 지낸 윤지의 딸로 태어나 열네 살에 김만중의 아버지인 김익겸(1614-1636)과 혼인하였다. 그런데 김익겸은 병자호란 때 강화도가 함락되려 하자 분신하고 말았다. 순절한 것이다. 혼인한 지 겨우 6년 정도 지난 때이다.

이 때 김만중의 형인 만기는 겨우 다섯 살이었고 김만중은 어머니 뱃속에 있었다. 유복자로 태어난 김만중은 후에 지극히 효성스러운 아들로서의 삶을 살게 된 연유가 이에서 비롯한다고 해도 과언이 아니다.

김만기(광성부원군-숙종대왕의 장인)는 나중에 병조판서 겸 대제학을 지냈으나 어머니보다 먼저 죽었으니 비통한 어머니의 심정을 헤아리기 어렵다하겠다. 그래서 김만중은 더욱 어머니를 향한 효도의 심정으로 <구운몽>을 지었다고도 한다. 윤씨부인은 이 책을 통하여 '공부를 안하고 사는 것은 차라리 죽음만도 못하다' 고 하면서 평소 글공부에 대한 교육을 강조하였으며 '사람들이 남에게 웃음거리가 되고 행실 없는 이를 욕할 때 과부의 자식이라는 소리 듣지 않도록 하라' 고 자손들을 훈계해 왔음을 알 수 있다.

김만중의 어머니이신 윤 씨 부인에 대한 평소의 성품, 교육관, 여성의식, 가치관, 생활상 등이 눈에 보이듯이 잘 살려 있는 수필형태의 글이다.

2. 어머니를 짐작해 보다

우선 김만중의 어머니 윤씨 부인은 명문가의 후손임을 알 수 있다. 집안의 내력을 처음 도입 부분에 적어 놓아 어머니 가계의 출중함과 그에 따라 어려서부터 훌륭한 교육을 받고 자라왔기에 김씨 문중에 출가하여서도 체면을 지키며 모범적인 삶을 살아 내고자 하였음을 짐작하게 한다.

<윤씨부인행장>에서 김만중은 어머니에 대해 총명하고 지혜로우셔서 한번 가르치면 그 내용을 다 외워 바로 입에 올리니 칭찬이 자자하여 여자로 태어난 것이 아깝다하였다. 특히 선조대왕의 따님이신 정명옹주 할머니께서 '훗날 가난한 선비의 아내가 되어서도 잘 할 수 있을 것이며 며느리로서도 법도를 잘 지켜 부끄럽지 않게 하라' 고 철저히 가르치셨다.

합리적인 사고의 표출로 친정아버지께서도 감복하는 장면이 있다.

김만중의 아버지가 강화도에서 순절하는 등 집안이 몰락하고 어려워지니 주변의 풍수지리하는 사람들이 묘 자리를 좋지 않은 곳에 썼다고 이장하자고 하였다. 친정아버지도 도와줄 테니 그리하자고 하였으나, 윤 씨 부인은 '풍수가의 말은 믿을 수 없습니다. 선조들이 하신대로 모신 것이니 그냥 두어 두는 것이 좋겠습니다. 아이들이 성장하기 전에는 조상 대대로의 무덤이 있는 곳이 좋습니다. 묘지를 옮기는 것은 바람직하지 않습니다.' 라고 단호히 자신의 의견을 합리적으로 밝힌다.

친정아버지와 어머니의 장례에도 모든 것을 예법대로 깨끗하고 빈틈없이 잘 처리하고 있어 주변에서도 가히 본받을 만 하다고 하였다. 집안이 점점 위축되어 아침저녁 끼니 잇기도 힘든 형편이었으나 자손들에게는 알리지 않으셨다. 그것은 집안의 어려움 때문에 자손이 위축되어 공부하는 일에 방해 받을까 봐 염려하심에서 그리 하셨다고 적었다. 그 만큼 어머니께서는 글공부의 소중함을 일찍부터 인식하셨던 것이다. 그리하여 끝내 자손들이 모두 과거에 급제하게 하셨던 것이다.

특히 어머니께서는 공부의 중요성을 철저히 인식하신 분으로도 정평이 나 있다. 여성도 공부를 해야 함을 몸소 보여 주고 계시다. 어머니 자신이 공부를 하신 분이기 때문에 집안이 어려워 책을 사거나 서당에 보낼 수 없는 형편이 되니, 몸소 책을 만들어 가르쳐 주시는 장면에서는 숙연해지지 않을 수 없다. 남달리 자애롭고 따스한 분이셨으나 글공부 가르치시고 감독하시는 데는 엄한 스승처럼 하셨다고 적고 있다. 이러한 어머니의 가르침이 있었기에 김만기와 김만중 형제는 훌륭하게 자랄 수 있었던 것이다. 어머니 말씀 중에 '너희들은 남과 처지를 비교하지 말아라, 훗날 반드시 남들보다 재주와 학문에서 한층이라도 더 뛰어나야 겨우 남과 어깨를 겨룰 수 있을 것이다, 사람들이 남에게 웃음거리가 되고 행실 없이 버릇없다고 손가락질 하며 사람들에게 과부의 자식이라는 소리 듣지 않도록 하라'고 혹독하리만치 자식 교육에 심혈을 다 쏟아 부으셨던 것이다. 나중에 집안 형편이 나아지고 지위가 높아져도 어머니께서는 멈추지 않고 손자들에게 까지도 계속 주력하셨다.

　책을 사 주기 위해서는 집안의 중요한 재산이라고 할 수 있는 명주 옷감까지도 다 내어 팔아서까지 뒷바라지를 하셨다. 이웃에 사는 관료들에게 부탁하여 책을 빌려다 공부를 시키기도 하셨다. '공부도 안하고 살려면 차라리 빨리 죽는 것만 못하다' 고 하시면서 형제의 종아리를 회초리질 하시면서 독려하시니 그 말씀을 듣는 김만중의 마음이 통절하게 쓰려 왔다고 한다.

　어머니께서는 평생 검고 흰옷으로 검박하게 살아 오셨다고 적고 있다. 자손들이 과거에 급제하고 녹봉으로 봉양하게 되어 형편이 나아졌는데도 일생을 검소하게 생활하셨다. 나중에 참판공에게서 이복동생을 두었는데, 재산을 분배할 때도 실하고 좋은 것은 다 동생에게 주고 자신은 척박하고 좋지 않은 것만을 취하셨다. 그러니 이복과의 관계에서도 아무런 말이 나지 않고 오히려 그 자손들까지도 데려다가 똑같이 교육을 시키셨다.

　부녀자 교육에도 힘 쓰셔서 옷감을 짜거나 술이나 간장을 담그는 일 등을 절기에 맞추어 잘 가르치셨다. 특히 제사 때에 경건하고 깨끗하게 예법대로 할 것을 일러 주셨다. 집안일을 며느리에게 전한 후에도 제사 음식 만들 때는 손수 그릇을 씻고 반찬을 만들어 정성을 다하셨음을 알 수 있다.

　어머니 회갑잔치를 하자고 큰 아들인 김만기가 청하였으나, 끝내 허락하시지 않고 오로지 자손들이 과거에 급제할 때는 혼자

만의 경사가 아니고 온 집안의 경사이기에 허락한다고 가까스로 잔치를 하게 하셨다. 아버지 돌아가신 이후부터 어머니께서는 돌아가실 때까지 아름답게 문채 나는 옷은 가까이 하시지 않고 풍류소리도 일절 듣지 않으셨다.

어머니의 가슴 아픈 사연은 남편의 죽음 뿐 아니라 손녀딸인 인경왕후의 승하와 큰 아들인 만기의 죽음을 겪어 내셔야 했던 통고의 신산스러운 삶을 외면 할 수 없다. 그러나 어머니께서는 의연하게 일처리를 잘 하셔서 궁중에서도 탄복하고 칭찬을 아끼지 않았다는 것이다. 특히 큰 아들의 죽음은 여느 경우와 다르다고 하시면서 모든 것을 예법대로 잘 처리하시면서 후손들에게도 '집안이 어렵다고 위축되어서는 안 된다, 아무 쓸모없다고 공부를 폐해서는 안 된다' 고 끊임없이 훈계를 늦추지 않으셨다.

김만중이 임금에게 충간(忠諫)한 일로 평안북도 선천으로 귀양을 가게 되었다. 그때도 어머니께서는 성 밖에까지 따라 나오시면서 '낙담하지 말거라. 험한 산과 바닷길이라 몸조심하고 여기 있는 어머니 걱정은 하지 말아라.'라고 당부 하신다. 반찬이 조금만 좋게 올라와도 원래대로 하라고 하셨으며 만기가 수의(壽衣)를 만들 때도 검박하게 하라 하셨다.

자손들이 과거 급제하니 그때나 지금이나 혹시 청탁하는 자가 있을까 염려하여 조그마한 종이쪽지 하나라도 받지 않도록 교육을 시키기도 하셨다. 생일상, 선물도 물론 끝내 받지 않으셨다.

궁지에 빠져도 고민하지 않으셨고 영화롭고 높은 자리에 올라 가서서도 교만하지 않으셨다. 극심한 경우를 당하면 사람들이 그것을 견디기 어려워하지만 어머니께서는 의리와 천명을 편안히 여겨 흔들리지도 낙담하시지도 않으셨으니, 타고난 성품이 남보다 뛰어나시기도 하지만 옛일을 널리 보고 아시는 공부의 힘도 있었으리라고 짐작해 본다. 그래서 친척과 이웃들이 어머니를 마치 엄한 스승처럼 본보기로 삼았던 것이다.

어머니의 덕을 글로 쓰면서 김만중은 감히 한 글자도 꾸며 서술하지 못했다고 한다. 오히려 소략하게 쓰는 것이 어머니의 고상한 뜻을 따르는 것이 아니겠느냐고 피눈물을 흘리며 삼가 이 글을 쓴다고 하였다.

3. 효자의 가문에서 충신을 구하다

유복자로 태어난 서포 김만중은 지극히 효성스러운 아들이었다. 충신은 효자의 가문에서 구한다는 말처럼 밖에서는 충신이요, 안에서는 효자이었음을 입증할 수 있었다.

서포는 유복자로 태어나 그 형과 함께 오로지 모친 윤 씨의 힘에 의하여 성장하였다. 일찍이 붕성지통(崩城之痛)을 겪은 모부인은 만기 만중 형제, 두 유아를 데리고 친가에 돌아와 밖으로는 참판공 부친을 섬기고 안으로는 모친 홍 씨를 섬기었는데 그 효성이 지극하였다.

서포의 어머니이신 윤 부인은 여자로서는 최악의 환경에 놓여 있으나 의연하게 친정 부모님 뵙기에 아이들 둘(만기와 만중)을 잘 기르면서 부모의 뜻에 어긋나지 않게 잘 지내려고 무수한 노력을 기울이고 있음을 알 수 있다.

참판공이 돌아가신 후로는 친정의 생활도 어려워져 베 짜고 수놓는 것으로 생계를 이어갔으나 학업에 방해가 될까 걱정하여 어린 자식들에게는 결코 나타내 보이지 아니하였고, 『소학』, 『사략』, 『당시』등을 윤 씨 자신이 직접 가르쳤는데, 자애는 깊었지만 과업에는 매우 엄격하였다. 『맹자』, 『중용』 등은 곡식을 주고 사서 읽혔으며, 『좌씨전』 한 질이 있으되, 그 값이 너무 많아 아들이 감히 말을 못하고 있자, 부인이 베틀 가운데의 베를 끊어주고 구입해 주었다고 한다. 또 이웃의 옥당서리를 인연하여 홍문관의 『사서』와 『시경언해』를 빌려내어 손수 이를 베껴서 자식들에게 주었다 하니 자식들의 학업성취에 얼마나 정성을 기울였나를 추찰할 수 있는데, 이는 후일 서포가 학자로 성공하는 원동력이 된 것이다.

『사씨남정기』의 제작 동기도 자신의 가문과 연관된 면도 없지 않지만 어머니를 위로하기 위하여 자신의 열망과 더불어 저술하였다고 볼 수 있다. 『사씨남정기』는 숙종이 인현왕후 민 씨의 자리를 내놓게 한 일에 대하여 김만중이 직접 체험한 사실을 바탕으로 하여 소설로 창작한 것임은 물론 그것은 어머니의 소망이 함께 형상화 시킨 것이라고도 볼 수 있다. 사 씨를 매개로 하여 당대의 축첩제를 비판한다. 가부장제의 틀을 완전히 벗어나지 못한 사대부 부녀층은 가부장제의 질곡에 대한 비판적 의식을 소지하면서도 한편으로는 가부장제 이념을 묵수해야 하는 역설적 상황 속에 처해 있었다고 할 수 있다.

『사씨남정기』는 조선 시대의 굳건한 가부장제도와 그 안에서 여성이 겪어야 했던 고통을 묘사하여 단순히 흥미로운 이야기 그 이상임을 알 수 있다. 유교 윤리가 국가의 이념이던 당대에 그 유교 윤리에 바탕을 둔 가부장제와 축첩제를 비판적으로 바라본 것 자체가 쉬운 일이 아닐 뿐만 아니라, 그것을 잘 짜여진 이야기로 저술하여 남긴 것도 보통의 일이 아니기 때문이다. 그러나 가부장제 및 축첩제를 정당화시키는 유교 윤리는 조선 건국의 이념이며, 그 국가에서 살아가는 모든 사람들이 공동체의 유지를 위하여 절대로 거스를 수 없는 것이었으리라는 데에 함정이 도사리고 있음을 피할 길 없다. 축첩제 자체를 완전히 부정하지 못한 것은 김만중 자신의 한계이기 이전에 중세 조선의 한계인 것이다. 김만중은 그러한 당대의 현실 속에서 그 사회의 보편적인 선을 넘지 않으면서 한 개인이 할 수 있는 최대한으로 그 사회의 모순을 지적한 인물이라고 생각한다.

이러한 서포의 생각에 많은 영향을 끼친 분이 바로 어머니이신 윤 씨 부인임을 알 수 있게 하는 것이 <윤씨행장>이다. 수필로서 어디까지나 사실적인 면에서 참고 자료로서의 가치가 높다 하겠다. 사실적인 수필의 세계에서 바라볼 수 있는 <윤씨행장>을 고찰해 보면서 보다 더 확실하게 서포의 모습까지도 살펴볼 수 있었다는 점도 유익한 작업이었다고 할 수 있다.

<윤씨행장>에 드러나는 어머니의 평소 생활상은 서포의 인문학적 가치관이 형성된 배경을 충분히 짐작해 보게 한다.『구운몽』도 귀양 가 있는 자신의 처지를 어머니께서 슬퍼하실까 싶어 오로지 어머니를 위로하기 위하여 집필하였다는 이야기도 있다. 정치인으로서의 서포가 아닌 문인으로서의 현실참여적인 면모와 더불어 인간적으로 어머니를 위한 효성스런 삶에 얼마나 전력했던가를 보여주는 면모를 입증해 낼 수 있었다.

　서포가 지은 <윤씨부인행장>에서 볼 수 있는 영원히 변치 않는 만고불변의 모성적인 모습인 어머니의 인생관·가치관·철학·교육관은 아이들에게 직접적으로 스며들기 때문에 그 중요성을 더욱 인식하게 하는 고전수필이라고 하겠다.(*)

은희경의 『새의 선물』에 나타난 여성의 일탈 양상

김승현 · 아주대 출강

1. 머리말

　80년대 이전에는 '집단화된 욕망의 이름으로 무장된' 이념의 시대이고, 남성 중심적인 힘의 논리가 지배하는 시대였다. 이와 달리 90년대는 집단의 이념으로 재단될 수 없는 개인의 실존적 욕망이 주를 이루었다. 그 이유는 1990년대부터 신춘문예와 각 공모전에서 여성작가들이 대거 당선되면서 여성중심적인 논리가 지배적인 시대였다. 이것은 문화 토대의 변화를 나타낸 것으로 지금까지 문화의 중심에 있던 남성들이 바깥으로 밀려나면서 변방에 존재하던 여성문학이 중심이동을 한 것이다. 여성 작가들은 그동안 은폐되어 온 내밀한 인간적 본성을 적극적으로 노출시키면서 성공과 자신의 삶을 애정 문제와 쾌락의 문제까지 눈 돌리는 여성의 생태와 삶의 저변을 보여준다. 이것은 가부장적 사회가 여성에게 부여한 침묵의 굴레와 이 때문에 잃어버린 여성의 목소리를 되찾으려는 욕구로 해석된다.

　은희경의 작품 활동은 1995년 동아일보 신춘문예에 중편 「이중주」가 당선되면서 시작하였다. 그녀는 같은 해 장편소설 『새의 선물』을 발표하였고, 그 후 여러 소설집과 장편소설들을 발표하였다. 그녀의 작품에 등장하는 여성들은 남성과 세상이라는 외부로부터 상처 받고, 그 상처로 인해 모성을 거부한 채 나쁜 여자가 되는 것을 선택한다. 이러한 여성상은 작가의 다른 작품들에서도 쉽게 찾을 수 있다. 은희경은 작품에서 현실의 여성들이 근대적인 사고에서 탈피하고, 자신의 주체적인 삶을 살아가고 있음을 고스란히 담아내려고 하였다. 그래서 그녀의 소설에 등장하는 여성들을 보면 의식이 변화된 현대 여성을 읽어낼 수 있다.[48]

이에 본고는 당대 많은 여성 작가들 중에서 은희경을 주목하였다. 그것은 여성들의 낭만적 사랑을 그린 대부분의 작가들과는 다른 그녀만의 특징이 뚜렷하기 때문이다. 앞에서 언급한 것 외에도 그녀는 냉철한 이성으로 사랑과 삶을 날카로운 통찰력으로 살펴보거나, 회고담으로 거리를 둔다는 것이다. 즉 『새의 선물』에는 가부장제 사회가 한 소녀의 눈을 통해 드러나며, 남성 중심 사회에서 여성의 한계를 벗어나 한 인간으로서의 주체적 삶을 보여주고 있기 때문이다. 그 과정에서 진희는 어른들의 다양한 삶의 이면을 관찰하면서, 가부장제 사회에서 여성들의 삶이 얼마나 억압이나 고통을 당하고 있는 가를 고발하고 있다. 이러한 페미니즘의 양상은 은희경의 첫 장편소설인 『새의 선물』을 시발점으로 한다고 해도 과언이 아니다.[49]

---

[48] 일반적으로 페미니즘 이론은 여성 억압의 성격과 근본 요인, 타개 방안과 대안 등에 대한 시각의 차이에 의해 다양하게 분류된다. 이처럼 다양한 페미니즘의 이론들은 문학과 결합하여 여성이 처한 현실과 여성들에게 가하는 사회의 폭력을 가시화함으로써 고발과 반성을 유도하였다. 김미현, 『한국여성소설과 페미니즘』, 신구문화사, 1996, pp.13~30 참조.

[49] 「이중주」에도 여성의 헌신, 즉 가족을 지키기 위해 개인적 욕망을 포기하고 살아가는 여성(모녀)의 모습이 그려진다. 그러나 이것은 개인의 삶이 아닌 부부나 모녀의 삶으로 표현했다는 특징이 있다. 그리고 그녀들의 불

그럼에도 『새의 선물』은 1990년대 성장소설로 호평을 받았으며, 기존의 연구에서도 대부분 성장소설과 여성성장소설로 연구하였다.50) 여성성장소설이란 기존의 성장소설 개념에서 여아의 성장과 관련된 내용이라 하여 붙여진 명칭이다. 그러나 성의 구분 없이 성장소설에 대한 대부분의 정의는 최현주가 "성장소설만의 서사적 유형이란 바로 주인공의 변화 양상이 미숙에서 성숙에로의 변화 과정을 통해 주체가 정립되는 것이 바로 성장소설의 핵심 서사 문법의 양상이라고 할 수 있는데, 성장 주체의 변화의 가치는 참다운 정체성 탐색의 성취 여부에 달려 있다."고 말한 것에서 크게 벗어나지 않는다.51) 또한 다른 성장소설과는 달리 성장을 거부하는 반(反)성장소설이라는 평가도 있다.52) 반

행의 근원에는 그들과 남편 사이에 양극화되어 나타나는 성격 차이에서 연유하며, 그런 삶에서 벗어나는 노력이 보이지 않는다. 이런 이유로 본고는 데뷔작 「이중주」보다는 의식이 변화된 현대 여성상을 그려낸 『새의 선물』을 페미니즘 양상을 보이는 첫 작품으로 보았다.

50) 이에 대한 선행 연구는 다음과 같다. 김화영, 「숨은 그림 찾기로서의 소설-은희경의 『새의 선물』」, 『문학동네』 6, 문학동네, 1997, 2. 최현주, 「한국 현대 성장소설의 서사 시학 연구」, 전남대 박사논문, 1999. 김병희, 「한국현대 성장소설 연구」, 서울여대 박사논문, 2000. 류보선, 「두 개의 성장과 그 의미-『외딴방』과 『새의 선물』에 대한 단상」, 『문학동네』 26, 문학동네, 2001, 2. 전인수, 「은희경의 『새의 선물』 연구」, 상명대 교육대학원 석사논문, 2003. 오진영, 「한국 현대 성장소설 연구 – 여성 주인공 소설을 중심으로」, 한양대교육대학원 석사논문, 2004. 하영미, 「1990년대 여성 성장소설 연구-박완서, 은희경, 신경숙 소설을 중심으로」, 한국교원대 석사논문, 2000 등이 있다. 이 외에도 박은애(「은희경의 성장소설 연구-『새의 선물』을 중심으로」, 한국교원대 석사논문, 2007.)의 논문에서는 여성성장소설의 특징을 밝혀 놓았다. 특히 『새의 선물』의 주인공이 '나는 열두 살에 성장이 멈추었다'라는 말을 통해 反성장소설로 분석하기도 한다.
51) 최현주, 『한국 현대 성장소설의 세계』, 박이정, 2002, p.25.
52) 나병철, 「여성 성장소설과 아버지의 부재」, 『여성문학연구원』, 2003.

성장의 원인에는 '유년의 상처'와 그로 인한 '자기 방어와 자아의 분리' 그리고 '주변부적 콤플렉스'가 있다고 보았다. 유년의 상처(트라우마)는 소녀의 인격 형성에 결정적인 영향을 끼친다는 것이다. 이러한 특징들이 『새의 선물』에서 나타나는 것은 사실이다. 하지만 이런 특징 외에도 주인공이 여성으로서의 주체성을 확립하는 과정을 보여준다. 그러므로 그녀가 발표한 다른 작품들에서 나타나는 여성들은 타자의 삶이 아닌 주체적인 삶을 살아가는 여성들이며, 그러한 모습은 이 작품에서 출발했다고 볼 수 있다.

따라서 본고는 『새의 선물』을 성장소설에만 국한시켜 보기에는 협소하다고 생각하여, 성장소설을 바탕으로 한 페미니즘의 특징을 지닌 소설로 분석하고자 한다. 이것은 작가가 사회 제도와 관습들이 아직도 여성들에게 병리학적으로 작용하고 있다는 것을 아이의 눈을 통해 살핀다. 작가는 어린 여성 화자를 내세워 여성들의 삶을 보여주면서 그 사실을 비판하는 것이다. 이런 은희경은 『새의 선물』에서 현대 여성에게 부과된 것들을 강력한 페미니즘 담론으로 전경화하고 있다. 그녀는 소설에서 현대인과 현대의 삶 전반에 대한 날카로운 통찰을 통해 현대의 여성상을 잘 보여준다고 할 수 있다. 본고는 이러한 특징들을 중심으로 『새의 선물』을 페미니즘의 양상인 한 '여성의 일탈'을 고찰하고자 한다. 또한 이 작품은 그녀가 발표한 작품들의 경향을 가늠할 수 있는 효시로 볼 수 있는 작품이기에 이러한 양상을 살펴보는 것은 의미 있는 작업이라고 생각한다.

2. 관찰을 통해 본 억압된 여성의 삶의 고발과 주체성 확립

『새의 선물』의 구조는 처음 프롤로그와 마지막 에필로그를 포함하여 24장으로 나뉘어져 있다. 프롤로그와 에필로그에서의 강진희는 소도시 전문대학에 자리 잡고 있는 삼십대 중반으로 성장한 어른의 모습이며, 나머지 22장은 열두 살 진희가 일 년 동안 겪었던 일을 회고한 것이다. 즉, 작중 화자는 열두 살 소녀(진희)로, 어머니의 죽음과 아버지의 부재로 할머니 댁에 머물면서 12살 때 어른들의 삶을 관찰하고 경험한 이야기이다. 즉 대부분의 내용은 진희가 열두 살인 1969년의 봄부터 70년대를 앞둔 겨울까지 약 1년 동안 일어난 다양한 경험담이다. 그 과정에서 진희는 자아의 분열과 연출된 삶, 고통에 대한 극기로 응시를 통한 단련, 어른들 삶의 관찰을 통한 냉소 등을 통하여 진희로 하여금 주체적인 삶을 살아가게 한다. 그러므로 일상의 경험은 어린 소녀에 의해 펼쳐지지만 서술자는 어른의 시각에서 회상되므로, 경험하는 자아는 주체성을 가진 소녀로도 볼 수 있다.

진희는 '나 아닌 다른 나를 만들어 보인다는 것'은 위선이나 가식이 아닌 '작위'로 부도덕한 일이 아니라고 말한다. 그러므로 '내가 아는 어른들의 비밀을 털어놓는 데에는 아무 거리낌도 빚진 마음도 없다'고 서술한다. 이야기가 펼쳐지는 공간은 '감나무집'으로 불리는 할머니 댁에서 '우물'을 중심으로 작중 인물들의 삶이 전개된다. 진희는 이 우물가에서 펼쳐지는 사람들의 다양한 삶을 관찰한다. 어머니의 죽음과 아버지의 부재[53]로 진희의 유년 시절은 상처(트라우마)54)로 점철된다. 그녀는 자신이 삶을 살아가면서 삶의 비밀들을 알아나가는 것이 아니라 타인의 삶을 관찰함으로써 삶의 비밀들을 알아나간다.

    그때였을 것이다. 내가 남의 시선을 싫어하게 된 것은. 한동안은 누가 나를 쳐다보고 수군거리기만 해도 엄마 이야기라고 지레짐작했으며 남에게 그것을 눈치채이기 싫어서 짐짓 고개를 숙여버리곤 했다. 그러나 바로 그렇게 남에게 관찰당하는 것을 싫어했기 때문에 나는 누구보다 일찍 나를 숨기는 방법을 터득했다.
    누가 나를 쳐다보면 나는 먼저 나를 두 개의 나로 분리시킨다. 하나의 나는 내 안에 그대로 있고 진짜 나에게서 갈라져나간 다른 나로 하여금 내 몸 밖으로 나가 내 안의 역할을 하게 한다.
    내 몸 밖을 나간 다른 나는 남들 앞에 노출되어 마치 나인 듯 행동하고 있지만 진짜 나는 몸속에 남아서 몸 밖으로 나간 나를 바라보고 있다. 하나의 나로 하여금 그들이 보고자 하는 나로 행동하게 하고 나머지 하나의 나는 그것을 바라보는 것이다. 그때 나는 남에게 '보여지는 나'와 나 자신이 '바라보는 나'로 분리된다.
    물론 그 중에서 진짜 나는 '보여지는 나'가 아니라 '바라보는 나'이다. 남의 시선으로부터 강요를 당하고 수모를 받는 것은 '보여지는 나'이므로 '바라보는' 진짜 나는 상처를 덜 받는다. 이렇게 나를

---

53) 진희의 아버지는 어머니의 죽음 이후 재혼하여 따로 살다가, 진희가 열세 살 되던 해 그녀를 데려가기 위해 찾아온다.
54) 트라우마(정신적 외상)는 정신생활에서 짧은 기간 내에 엄청나게 강한 자극의 증가를 가져오는 체험을 가리킨다. 그런 강도 높은 자극은 익숙한 방식으로 해소되거나 처리될 수 없기 때문에 정신에너지의 운영과정을 지속적으로 교란하여, 신경증을 유발한다. G. 프로이트, 임홍빈 옮김, 『정신분석 강의』, 열린책들, 1997, P. 392.

두 개로 분리시킴으로써 나는 사람들의 눈에 노출되지 않고 나 자신으로 그대로 지켜지는 것이다. 55)

    진희의 어머니는 대인기피증과 우울증에 시달리다가, 진희가 서너 살쯤 되던 해 그녀를 마루 기둥에 묶어놓고 가출한 뒤, 목을 매 자살한다. 친척 아주머니들로부터 듣게 된 어머니에 대한 이야기는 어린 진희에게 엄청난 충격을 주었을 것이다. 유아기의 심리적, 정신적 결핍은 진희의 마음속에 커다란 상실감으로 자리잡는다. 그 상실감은 세상과의 소통과정에서 정체성의 혼란과 방황을 겪게 되어 점점 냉소적이고 고립적인 자아 형성으로 채워진다. 진희의 주체 생성 과정에서 발생하는 필연적인 결과로 진희는 부모의 부재로 인한 소외, 즉 2차적 소외를 겪는다. 그 과정에서 진희는 심리적 상처의 내압을 극복하기 위한 대응방식으로 '보여지는 나'와 '바라보는 나'로 자신을 분리한다. 여기서 '바라보는 나'는 진정한 주체로 고유한 자신을 외부로부터 지켜간다. 반면 삶을 이끌어가는 것은 '보여지는 나'이다. '보여지는 나'는 타인의 시선을 의식한 객관화된 나이기 때문에 진정한 주체는 아니다. '보여지는 나'는 심리적 상처를 감추기 위한 방어기제이며 보호막이며, 타자화된 주체인 것이다. 이를 '바라보는 나'가 '보여지는 나'를 바라보고 있는 것이다. 진희는 세상으로부터 자신을 방어하는 방법으로 '자아분열'을 선택했다면, 주체성을 보존

---

55) 은희경, 『새의 선물』, 문학동네, (1995) 2000. PP. 22~23. 이후 페이지만 표기함.

하는 방법으로 선택한 것은 '바라보기' 즉 '관찰'을 선택하였다.

> 나는 지금도 혐오감과 증오, 그리고 심지어는 사랑에 이르기까지 모든 극복의 대상을 이겨내기 위해서는 언제나 그 대상을 똑바로 바라보곤 한다.(p. 10)

> 또 한 가지 내가 어른들의 비밀에 접근하는 방법은 관찰이다. 할머니가 늘 칭찬하는 대로 나는 눈썰미가 있는 데다 내가 본 것들을 내 나름대로 분석하는데 흥미를 갖고 있다. 이따금 나는 동정심, 의리, 탐욕 등 사람의 마음속을 헝클어놓는 것들에 대해 실험을 하기도 한다. 이모 같은 만만한 상대나 장군이처럼 내가 하찮게 여기는 동급생들이 주로 대상이 되는데, 그런 실험은 내게 어른들의 비밀을 해석하는 통찰력을 길러준다.
> 어쨌든 내가 이렇게 어른들의 비밀 속에서 삶의 비밀을 캐는 것은 내 삶을 거리 밖에서 보려는 긴장의 한 방법이다. 내 삶을 거리 밖에 떨어뜨리고 보지 못했다면 나는 자폐를 일으켰을지도 모른다. (pp. 20~21)

진희는 삶을 멀리서 바라보며 관조적으로 관찰한다. '본다'는 행위에는 대상과의 거리가 전제되어 있으므로 이것은 일종의 '거리두기'라고 할 수 있다. 이 거리두기를 통해 화자는 분열된 자아에 대한 '객관화'와 '냉철한 인식'을 얻는다.[56] 따라서 진희가

---

56) 나병철은 "진희에게 상처를 주는 타인(주로 어른들)의 시선에 대한 두려움은 프로이트가 말한 '낯선 두려움'에서의 거세 콤플렉스와도 같은 것으로 볼 수 있다. 진희 역시 어머니의 죽음과 함께 아버지의 부재를 경험하

선택한 것은 '바라보기' 곧 관찰은 세계로부터 거리를 두는 자기 방어의 방법이자 관찰을 통해 세계를 배워가는 주체성 확립의 방식이었다. 삶에 대한 거리두기는 진희의 나이에 맞지 않는 냉철한 통찰력을 준다. 진희의 관찰 대상은 주로 감나무집에 살고 있는 어른들로, 진희 눈에 보이는 것은 삶의 어두운 부분과 어른들의 비굴함, 위선과 거짓된 모습이다. 삶의 이면을 너무나 빨리 보아버린 진희에게 세상은 더 이상 꿈과 희망이 가득찬 곳이 아니었다. 그것은 상징계57)의 세계로 가부장제 질서의 사회에서 여성에게 불리한 삶의 모순을 바라보며 주인공이 갖게 되는 것은 결혼과 성, 사랑과 삶에 대한 냉소58)로 이어진다. 또한 변소

고 있으며 낯선 두려움의 상태에 시달리고 있다고 할 수 있다. 그런데 진희의 경우 낯선 두려움은 위에서처럼 주로 왜곡된 어른들의 시선에 의해 야기된다. 마치 물증이라도 되는 듯이 진희를 흘낏보며 모성의 결손을 말하는 어른들의 시선은 그녀의 정체성을 위협하며(거세 콤플렉스를 자극하며) 씻을 수 없는 상처를 남긴다. 진희는 거세 콤플렉스와 내면의 상처에서 벗어나기 위해 '나'를 두 개로 분리시켜 진짜 나를 숨기는 방법을 찾아낸다. 그녀는 잃어버린 어머니와 아버지의 보호 대신에 거세의 위협을 지킬 수 있도록 두 개의 자아 사이의 거리를 설계해낸 것"이라고 분석했다. 나병철, 앞의 책, pp.205~206 참조.
57) 상징계는 언어에서부터 법에 이르는 모두 사회적 체계들을 포함하는 가장 광범위한 세계이다. 상징계는 우리가 보통 '현실'이라고 부르는 것의 긍정적인 부분을 구성한다. 따라서 대다수의 사람들은 태어나기도 전에 상징계에 등록된다. 이미 이름이 정해지고, 가족이나 사회경제적 집단, 젠더, 인종 등에 소속되기 때문이다. 라캉은 어떤 의미에서 우리는 이 상징계 속에 갇혀있다고 지적한다. 또한 실재의 침입에 어떤 방식으로 대응할지 선택하는 순간, 우리는 주체로서 다시 존재하게 된다. 이런 의미에서 지젝은 주체는 상징계와 실재계의 사이의 경계, 혹은 그 사이에서 출현한다고 말한다. 즉 상징계와 실재간의 상호작용이 없다면 주체는 존재하지 않을 것이다. 토니 마이어스, 박정수 옮김, 『누가 슬라보예 지젝을 미워하는가』, 앨피, 2005, pp. 55~64 참조.
58) '냉소'란 권위에 대한 풍자적, 반어적 반응이다. 냉소적 주체란 투표장에

에서 쥐와의 마주침, 무수한 다리와 털로 뒤덮인 회색 벌레의 관찰, 성의 금기 등은 '응시'로 극복한다. 진희의 이러한 응시는 라캉이 말하는 '응시'와도 같은 것이다.59) 대상에 집착해 그것을 지배하려는 '시선'과 달리, '응시'는 대상에 거리를 두고 그것에 부딪혀 되돌아오는 것을 받아들이는 행위이다. 진희는 혐오스러운 것들을 '응시'함으로써 자신의 순수함을 지키는 것이다. 여기서 삶의 이면은 외부세계(상징계 혹은 어른의 세계)의 뒤편에 감춰져 있는 라캉의 실재계60)와 같다. 따라서 진희의 '응시'는 실재계와의 만남이며, 이것은 상징계를 극복하기 위한 방법이다.

어린 진희는 또래 아이들이 성에 대한 미숙한 호기심을 가지며 성적인 장난을 하는 것을 유치하게 여긴다. 진희는 그 나이에 금기시 되는 음란한 내용의 서적을 통해 성에 대해 이미 통

서 내가 한 투표가 실질적으로 정치체제를 바꾸지 못하리란 걸아는, 현실에 대한 공식적 진망이 이미 왜곡되어 있고 그런 전망을 피할 수 없다는 사실을 수용한 주체이다. 위의 책, p. 130 참조.
59) 시선이 타자를 동일화하려는 시각이라면, 응시는 이질적인 타자에 부딪쳐 되돌아오는 것을 말하며, 시선과 응시의 분열 속에서 실재계와의 만남이 이루어진다. 라캉, 『욕망이론』, 문예출판사, 1994, pp. 186~255 참조.
60) 실재계는 우리 사회 현실의 기반이 되며, 동시에 그 현실을 훼손시킨다. 실재계는 욕구(상상계)가 발생하는 장소이며 그것을 상징화할 방법이 없다는 의미에서 전상징계적이다. 그러므로 실재계는 상징계와 상상계 너머에 있는 것으로, 외상이라는 개념과 연관된다. 정신분석학에서의 외상은 일반적으로 정신적 사건을 의미한다. 외상은 상징화의 흐름을 정지시키고 주체를 초기발달단계에 고착시킨다는 프로이트의 개념화에 라캉이 덧붙인다. 그것은 외상이 상징화될 수 없이 남아있는 한, 그것은 실재계이며, 주체의 중심에 자리 잡은 영속적 어긋남이라는 것이다. 그러므로 외상의 경험은 실재계라는 것이 상징계 또는 현실내부로 결코 흡수될 수 없는 것이라는 사실을 밝혔다. 숀호머, 김서영 옮김, 『라캉읽기』, 은행나무, 2010, pp. 151~157 참조.

달했기에 성을 우습게 여기게 된 것이다. 또한 성적 금기를 깨뜨리는 방법으로 '훔쳐보기 독서'와 '극기훈련'을 한다.61) 성에 대한 냉소를 터득한 진희는 성보다도 성적 금기에 대한 인식과 금기를 이겨내는 방법으로 '응시를 통해 극기훈련'을 하는 모습에서 이미 아이가 아닌 주체성을 가진 한 사람의 모습을 찾을 수 있다. '극기훈련' 방법은 금기를 피하기보다는 당당히 맞서서 극복하는 것이다.

> 우선 남자들을 만나면 일부러 바지 앞섶을 꼭 쳐다보기로 했다. 벌레를 피하지 않고 눈 부릅뜨고 쳐다보았듯이 모든 남자에게 성기가 있다는 사실을 알기를 거부하지 않고 오히려 일부러 확인함으로써 그 사실로부터 자유스러워지는 훈련이었다. … 얼마 지나지 않아 나는 무심코 남자들을 지나쳐가다가 한참 후에야 내가 '성기의 존재함'을 확인하지 않고 그를 보내버렸음을 깨닫게 되었다. 그런 일이 점점 많아지더니 나중에는 그것조차 거의 의식하지 않게 되었다. 보려고 애쓰지 않게 되었다는 것은 보지 않으려고 애쓸 필요가 없다는 뜻이기도 했다. 나는 극기 훈련을 훌륭히 성공시킨 것이었다. 그러자 이제는 어쩐지 나 자신이 성의 본질에 대해 모든 것을 알아버린 것처럼 생각되었다.

---

61) 진희는 통속소설이든 고전이든 어느 소설에서든 성과 관련된 용어들이 나오면 국어사전을 찾아가며 읽는다. 갈수록 신문소설을 읽는 방법을 터득했으며, 자신과 같은 독자를 위한 작가의 치밀한 구성에 감탄하기도 한다. 그리고 『센데이서울』은 나에게 '금지된 성에 대한 욕망이 얼마나 엉큼하고 뻔뻔스러운 것'이며 반면 공식적으로 허락된 성이 '미지근하고 권태로운 것'인지를 가르쳐주었다. 더불어 진희는 '나는 거기에서 성에 대한 냉소를 터득했으며, 더 이상 성에 대해서는 알 것이 없었다'라고 말한다. 은희경, 앞의 책, pp. 106~119 참조.

한마디로 나는 성을 시시하게 여기게 되었으며 봉희네가 어른스럽게 보이려 함으로써 되레 어린애임을 노출시키는 것과 마찬가지로 성 역시 금지되었을 때만 매력을 갖는 삶의 오류라고 단정지어버렸다. (pp. 129~130)

문제는 그런 첫 경험이 우연히 이루어지는 일이 많다는 사실이다. 내 주변에서 듣고 본 것만 해도 그렇다. 꼭 자기가 사랑하는 남자와만 첫 키스를 하고 처음 옷고름을 풀게 되는 건 결코 아니다. 그러므로 성은 자기 자신의 것이다. 남편의 것도 아니며 처음 문을 연 남자의 것은 더더욱 아니다. 처녀성을 가져간 사람이 내 주인이라는 생각, 우연에 지나지 않는 그 사건에 운명적 의미를 두는 것, 그 모두가 내게는 어리석게만 생각된다. …
내 생각에는 세 가지로 요약된다. 첫째, 첫 경험이란 운명이 아니라 우연이다. 둘째, 여자들이 그것을 체념적으로 받아들이게 된 것은 어릴 때부터 성에 대한 금기를 강요받았기 때문이다. 셋째, 나는 극기 훈련을 통해 '이성의 성기에 관심을 가져서는 안 된다'라는 금기에서 벗어났으므로 '첫 경험'이라는 금기도 얼마든지 깨뜨릴 수 있다. (p. 276)

'금지되었을 때만 매력을 갖는' 성의 비밀을 모두 알아버린 진희에게 더 이상 성은 금기가 아닌 '냉소의 대상'일 뿐이었다. 특히 진희는 성적인 '첫경험'에 대해 깊은 의미를 부여하는 고정관념을 거부한다. 첫경험은 우연이기에 그것에 운명의 의미를 두는 것은 어리석은 것이라는 진희의 생각에는 '성은 자기 자신의 것'이라는 의식을 바닥에 깔고 있다. 광진테라 아줌마가 자기 삶의 주인으로 살지 못하는 것도 첫경험을 자기 삶으로 결정하는 잘못된 성관념을 갖고 있기 때문이다. 그것은 자기 성의 주인이 자신이라는 것을 모르기 때문이며, 이는 순결이데올로기와 성에 대한 금기를 강요하는 가부장적 사회제도의 탓이라고 진희는 생각한다. '성은 자기 자신의 것'이라는 진희의 말에는 성의 가부장적 이중 규범에 대한 비판이 내포되어 있다. 성의 이중 규범은 남성에게는 성적 쾌락의 자유를 보장하는 한편, 여성에게는 순결이데올로기를 부과함으로써 여성의 성을 통제해 왔다. 은희경은 '성은 자기 자신의 것'이라는 선언과 순결이데올로기에 희생된 광진테라 아줌마의 삶을 대비적으로 서술함으로써, 성의 가부장적 이중 규범에 내재된 억압을 선명하게 드러낸다.62)

    인간 박광진 -아저씨가 자신을 지칭하는 이 말은 언제나 '왕년에' 라는 말과 짝을 이루었다. "이 인간 박광진, 왕년에 말야." 하긴 아저씨가 늘어놓는 왕년 자신의 연대기는 꽤나 거창했다. 병역 기피자, 양복집 주인, 바람둥이, 아내를 때리는 불성실한 가장 - 우리가 알고 있는 아저씨는 이 정도였지만 자기 자신이 알고 있는 '인간 박광진'은 단지 돈 없고 빽 없어서 불운해진 천하의 풍운아였다.
    허풍선인 아저씨 자신의 말은 물론이요, 그에 대한 어른들의 견해를 정리해보더라도 아저씨가 꽤 복잡한 삶을 산 것만은 사실이었다.
(p.67)

---

62) 이정희, 「트라우마와 여성 성장의 두 구도-은희경의 『새의 선물』과 신경숙의 『외딴방』을 중심으로」, 『경희대고봉론집』 25, 1999년 12월, P. 16.

광진테라 아저씨는 가장 부정적인 인물로 진희에게 비난의 대상이 되는 비열하고 못난 남자이다. 위의 인용문 외에도 아저씨는 밖에서는 허세 부리는 것을 좋아하고 돈 씀씀이도 헤픈데다 바람까지 피우면서 집에 와서는 아내를 때리는 불성실한 가장으로 진희에게 가정에서 일어날 수 있는 온갖 부정적인 면모를 다 보여준다. 그는 가부장제 사회가 보여주는 전형적 인물로 볼 수 있다.

광진테라 아줌마인 순분이는 한 양복점의 식모였으며 싹싹하고 바지런하여 살림은 물론 양복점 일도 곧잘 도왔다. 그때 아저씨는 아픈 선배 일을 돕는다며 건성으로 얼쩡거리다가 선배가 죽자 양복점을 물려받았으며, 순분이를 강제로 욕보이는 바람에 어쩔 수 없이 결혼하였다. '재성이 엄마'로 불리는 광진테라 아줌마는 자신의 이름을 상실한지 오래된 전형적인 한국의 어머니이다. 아줌마는 붙임성 있고 상냥하며 천성이 부지런하여 야무지게 살림을 사는 나무랄 것 없는 여성이다. 그럼에도 남편의 폭력과 억압에서도 인내하는 삶을 살아가는 아줌마를 진희는 이해하지 못한다. 그러다 진희는 우연히 현실로부터 도피하고자 하는 아줌마를 발견한다.[63]

---

63) 아줌마는 버스가 사라진 쪽을 쳐다보며 서 있었다. 아까의 그 자세 그대로 등뒤로 손을 돌려 포대기를 받친 채 버스가 간 쪽으로 고개를 돌리고 있는 아줌마의 모습은 한 장의 사진처럼 정지되어 마음속의 음영을 강한 부조로 나타내고 있다. 아줌마는 갈 곳이 있는 게 아니었다. 떠나고 싶어하는 것이었다. 고달픈 삶을 벗어난들 더 나은 삶이 있다는 확신은 누구에게도 없다. 그러나 사람들은 떠난다.
　더 나은 삶을 위해서라기보다 지금의 삶에서 벗어나기 위해서. 아무 확신도 없지만 더 이상 지금의 삶에 머물러 있지 않아도 된다는 것 때문에

하지만 광진테라 아줌마는 망설이다가 결국 다시 현실의 고달픈 생활로 돌아온다. 할머니가 여자는 뒤웅박 팔자라는 해석이 옳았던 것이다. 그때 아줌마는 버스에 한 발을 올려놓는 것으로 인생이 달라졌을지도 모른다. 얼마 후 아줌마는 가출을 실행한다. 감나무집 사람들은 재성이를 두고 집을 나간 아줌마의 가출을 예상하지 못해 모두 놀랐지만 진희는 오히려 아줌마의 가출을 응원하고 있었다.

물론 나는 아줌마가 가출을 마음속 깊이에서는 응원하고 있었다. … 하지만 어젯밤 아줌마는 무언가에 이끌려 떠났다. 이제는 아침에 변소에 갔다올 때마다 전날 밤 들었던 여자의 숨죽인 울음소리가 떠올라서 광진테라 쪽은 홀낏 쳐다보지 않아도 된다. 좋은 일이 아닐 수 없다. (P. 257~258)

이튿날부터 아줌마는 다시 우물가에 모습을 드러냈다. 아무것도 달라진 것은 없었다. … 한 번 집을 나갔다는 것이 전과가 되어 아줌마 스스로의 도덕적 입지가 오히려 약화되었다. 아저씨의 행동이 달라지기는커녕 목소리만 더 커졌다. 나는 대체 아줌마가 왜 돌아왔

떠나는 이의 발걸음은 가볍다. 그런 떠남을 생각하며 아줌마는 사라진 버스 쪽을 그렇게 오래도록 바라보고 있는 것이리라.
다시 고개를 제자리에 돌리더니 아줌마는 엉덩이를 한번 들썩여서 등에 업은 아기를 추스린다. 넋나간 듯 버스 꽁무니를 보고 있던 자기의 현재를 되찾는 신호이다. 그것은 또 자기의 헛된 꿈에 마침표를 찍는 동작이 되기도 한다. 무겁게 발을 끌며 다리 쪽으로 걸음을 옮겨놓는 아줌마는 언제나 보는 광진테라 아줌마, 그녀였다. 아줌마의 등 뒤에서 그녀의 고달픈 삶을 이어갈 수 있도록 희망을 주는 한편 그녀를 바로 고달픈 삶에게로 묶어놓는 재성이가 엄마의 머리끄덩이를 잡아당기며 논다. 재성이가 잡아당기는 대로 가볍게 머리채를 흔들리며 그녀는 뒤웅박이 되어 걸어가고 있다. 은희경, 앞의 책, PP. 150~151.

을까 의아하기만 했다.

　불안 때문이었을까. 아줌마처럼 강인한 사람은 아무리 힘든 삶이라도 자기가 익히 아는 일은 어떻게든 이겨나갈 자신이 있다. 그러나 새롭게 닥쳐올 일에 대해서는 불안하고 자신이 없다. 그것은 아줌마처럼 자기 생애 대한 의지는 강하되 자기 생을 분석할 줄 모르는 사람의 치명적인 약점이다. (pp. 269~270)

　진희는 자기 삶의 주인이 되지 못하고 남성에 의해 결정되는 '타인으로서의 삶'을 체념적으로 받아들이는 광진테라 아줌마가 안타까우면서도 그런 여성의 삶을 비판한다. 광진테라 아줌마는 다시 고달픈 삶으로 돌아왔다. 가출을 통해 얻은 것은 자신의 삶이 뒤웅박 팔자임을 확인하고 결코 바꿀 수 없음을 강하게 인식하게 되었다. 가출 후 더욱 당당한 아저씨와 죄인처럼 죽어지내는 아줌마의 모습에서 진희는 모순된 현실을 바라보게 된다. 여성에게 불리하게 작용하는 우리 사회의 가족제도를 진희는 비판한다. 그리하여 진희는 광진테라 아줌마의 삶이 곧 대부분 여성의 삶임을 직시하며 냉정한 시각으로 비판한다.

　나는 방안에 혼자 누워 아줌마의 인생에 대해서 곰곰 생각하기 시작했다. …
　대부분의 어른들은 모험심이 부족하다. 진정한 자기의 삶이 무엇인지 알아내고 찾아보려 하기 보다는 그냥 지금의 삶에서 벗어날 수 없는 자기의 삶이라고 믿고 견디는 쪽을 택한다. 특히 여자의 경우 자기에게 주어진 삶을 그대로 받아들이도록 만드는 배후에는 '팔자소관'이라는 체념관이 강하게 작용한다. 불리함에도 불구하고 그 체념은 여자의 삶을 불행하게 만드는 데 결정적인 영향을 끼친다. 우연히 닥쳐온 불행을 이겨내지 않고 받아들이도록 만듦으로써 더 많은 불행을 번식시키기 때문이다. (p. 275)

진희는 아줌마와 같이 불행한 삶을 사는 여성이 그런 삶에서 벗어나지 못하는 것은 바로 자기 인생에 주인이 되지 못하기 때문이라고 생각한다. 그 이유는 여성들은 현실의 불합리에도 불구하고 자신의 삶을 '팔자소관'으로 여기며, 지금의 삶을 벗어나기가 두려워 쉽게 체념하기 때문에 그 불행이 더욱 커진다는 것이다. 여성의 삶에 대한 이러한 생각은 진희로 하여금 나약하고 체념적인 여성보다는 자신의 삶에서 주인이 되겠다는 강한 의지를 갖게 만든다. 진희는 아줌마의 삶을 여성의 삶으로 확장하고 비판하며 자신의 주체성을 확립한다.

작가는 어린 화자의 관찰을 통해 사회 질서에 순응하며 살아갈 수밖에 없는 여성들의 억압이나 고통스런 삶을 자연스럽게 고발한다. 진희가 세상으로부터 자신을 방어하고 당당한 주체로서 삶을 살아가는 것처럼, 현실의 여성들도 모순된 현실을 직시하여 주체적인 삶을 살아가야함을 역설하고 있다. 진희의 모습은 아이이지만 생물학적으로는 2차 성징인 초조(初潮)가 시작되면서 한 여성으로서의 성적 정체성을 획득하게 된다. 즉 진희는 남성중심 사회에서 주체성의 확립과 여성성을 획득한 것이다. 이런 그녀는 여성의 관계망 속에 들어있지 않으면서도, 사회의 속박이나 억압으로부터 자유로운 존재로 여성의 삶을 말하고 있다. 진희는 가부장제 사회에서 탈피하여, 주체적인 삶을 사는 것에 주저하지 않음을 볼 수 있다.

3. 가부장제 사회에서의 일탈된 삶

『새의 선물』에서 성장한 진희는 38살의 나이에도 결혼하지 않고 자유분방한 남성편력을 과시하고 있다. 그리고『새의 선물』의 후속작인『마지막 춤을 나와 함께』에서도 성장한 진희의 모습을 볼 수 있다.[64] 이 작품에서는 어린 진희가 성장하여 삼십대 후반이 된 성년 진희의 삶을 이야기하는데,『새의 선물』에 등장하는 38살의 진희와 일치한다.

두 작품에서 드러난 성인 진희는 삼십대 후반의 여성으로 한 가정의 아내나 어머니가 아니다. 두 번의 중절 수술과 이혼, 그리고 세 명의 남성과 자유분방한 연애를 하는 진희는 결혼이라

---

[64]『마지막 춤을 나와 함께』의 나(강진희)는 두 번의 중절 수술을 받은 적이 있는 이혼녀이다. 그녀는 현재 세 명(현석-종태-상현)의 남자들과 애정적 관계를 가지고 있는 삼십대 후반의 여성으로 소도시 신설대학의 교수이다. 그녀는 어린 나이에 이미 조숙해 버린, 그래서 다른 사람들의 삶의 이면을 꿰뚫어 보기를 좋아하던 작은 진희가 몸만 커져버린 상태이기에 여전히 세상에 대해서 냉소적이고 위악적이다. 이런 점에서『새의 선물』과『마지막 춤을 나와 함께』는 계속 이어진 서사라고 할 수 있다.
박금주,「은희경의 일탈, '마지막 춤으로의 유혹-『마지막 춤을 나와 함께』를 중심으로」,『한국문학이론과 비평』23, 한국문학이론과 비평학회, 2004, 6, p.168.

는 제도에 얽매이지 않았다. 오히려 위반과 일탈이라는 방식으로 결혼이라는 제도를 냉소하는 진희를 볼 수 있다.

　진희의 사랑에 대한 관찰은 이모 영옥과 이모의 친구 경자이모, 그리고 잠깐 세들어 사는 혜자이모이다. 세 여성은 모두 비슷한 또래로, 사랑에 모든 것을 바치는 공통점을 지녔다. 어린 진희가 경험과 관찰을 통해 내린 사랑에 대한 결론은 '환상이 하나하나 깨지는 것이 바로 사랑이 완성되어 가는 과정'이며 '사랑은 배신에 의해 완성' 된다는 것이다. 진희가 가장 가까이에서 관찰하며 대리 체험을 하게 되는 사람은 영옥이모이다.[65] 열두 살 진희와 스물한 살 이모는 허석이라는 한 인물을 두고 사랑에 빠지지만, 결국 두 사람 모두 상처만 간직한 채 사랑이 끝난다. 이 경험을 통해 진희는 '영원하고 유일한 사랑'을 냉소하게 된다.

　　나의 분방한 남성편력은 물론 사랑에 대한 냉소에서 온다. 사랑에 대해 아무것도 기대하지 않는 사람만이 쉽게 사랑에 빠지는 것이다. 그리고 사랑을 위해 언제라도 모든 것을 버리겠다는 나의 열정은 삶에 대한 냉소에서 온다. 나는 언제나 내 삶을 대수롭지 않게 여겨 봤으며 당장 잃어버려도 상관없는 것들만 지니고 살아가는 삶이라고 생각해왔다. 삶에 대해 아무것도 기대하지 않는 사람만이 그 삶에 성실하다는 것은 그다지 대단한 아이러니도 아니다. (pp. 11~12)

---

65) 이정희, 앞의 책, P. 15.

위의 인용문은 프롤로그 부분으로 삼십대 중반을 넘긴 진희의 생각이다. 여기에서 진희는 자신이 사랑과 삶을 냉소하고 있음을 스스로 밝히고 있다. 사랑에 대한 냉소는 어린 시절 진희의 모습에서도 나타난다. '사람의 감정이란 언제 변할지 모르며, 상대가 나를 사랑할 때 내가 행복해 진다면 상대의 사랑을 잃을 때는 불행해진다는 것과 같으므로 상실감에 대비해야 한다'는 것이다. 여기에는 '영원하고 유일한 사랑은 없다'는 전제가 깔려있다. 진희가 이렇게 생각하는 것은 어린 시절의 상처 때문일 것이다. 세상에서 처음으로 경험하는 사랑은 바로 어머니의 사랑인데, 어머니로부터 버림을 받은 진희는 '영원하고 유일한 사랑'의 존재를 부정한다. 그러므로 사랑으로 인한 상처를 받지 않으려면 사랑을 너무 낭만적으로 생각해서는 안 되며 항상 사랑의 상실감에 대비해야 한다는 것이다.

사랑이 아무리 집요해도 그것이 스러진 뒤에는 그 자리에 오는 다른 사랑에 의해 완전히 배척당한다. 그것이 사랑이라는 장소가 가지는 배타적 속성이다. 그렇기 때문에 다른 사랑, 새로운 사랑은 언제나 가능한 것이다.

운명적이었다고 생각해온 사람은 흔한 해프닝에 지나지 않았음을 깨달았을 때 사람들은 당연히 사랑에 대한 냉소를 갖게 된다. 그렇다면 다시는 사랑에 빠지지 않을 것인가. 절대 그렇지 않다. 사랑에 빠지는 일에 대한 두려움이 없기 때문에 그들은 얼마든지 다시 사랑에 빠지며, 자기 삶을 바라볼 수 있는 거리유지의 감각과 신랄함을 갖고 있기 때문에 집착 없이 그 사랑에 열중할 수 있다. 사랑은 냉소에 의해 불붙여지며 그 냉소의 원인이 된 배신에 의해 완성된다.
　삶도 마찬가지다. 냉소적인 사람은 삶에 성실하다. 삶에 집착할수록 언제나 자기 삶에 불평을 품으며 불성실하다. 나는 그것을 광진테라 아저씨 박광진씨를 통해서 알았다. (pp. 250~251)

　진희는 사랑은 배신에 의해 완성되며, 삶도 냉소적인 사람이 성실하다고 말한다. 사랑에 대한 역설은 진희가 이모와 이형렬의 사랑을 지켜보면서 얻게 된 결론이다. 이모와 이형렬의 사랑은 펜팔을 통해 사진만 보고 이루어졌다. 이것은 상대방의 외모와 서로에 대한 환상만으로 시작된 사랑이였기에 외부의 작은 충격에 쉽게 깨어질 수 있음을 보여준다. 그 단적인 예는 경자이모와 이형렬과의 관계에서 볼 수 있다. 친구의 애인을 빼앗은 경자이모의 배신에서 진희는 영원한 사랑은 존재하지 않으며 그것은 영옥이모의 상상 속에서나 존재하는 것임을 알게 된다. 이모와 진희에게 사랑의 상처를 준 허석은 이모에게 임신을 시키고 서울로 떠난 후 연락이 없다. 진희가 결정적으로 사랑에 대한 냉소를 지니게 된 것은 자신의 유일한 사랑이라고 믿었던 허석과의 운명적 만남이 한낱 우연이며 환상이라는 것을 알았기 때문이다.

　이 길을 가면서 나는 이따금 일부러 길에서 벗어나 제방의 돌 위에 올라가서 위태롭게 걸음을 옮겨보기도 했었다. 내가 그렇게 두 팔을 벌려 균형을 잡으며 걸어보곤 하는 제방 위에 지금 염소가 한 마리 메어져 있다. 언젠가의 나처럼 염소도 균형을 잡으려고 사선으로 서있다. 사선으로 선 채 매애애 하고 운다. 하얀 털에 황혼이 불 붙어 불그레해진 그 염소는 나를 보더니 또 한 번 매애애 하고 운다. 고개를 길게 빼며 목젖을 오래 떠는 그 울음소리에 나는 발걸음을 멈추고 잠깐 염소를 바라본다. 아예 고개를 내 쪽으로 돌린 채 매애애 매애애, 계속해서 애처로운 울음소리를 내는 이 염소를 누가 빨리 와서 풀어주고 데려갔으면 생각한다.

　그런데 그 생각을 하자마자 … 염소의 뒤로 사람의 그림자가 나타난다. 젊은 남자다. …

　염소를 풀어주지 못해 미안한 그는 염소 옆의 돌 위에 앉는다. 그러고는 주머니에서 하모니카를 꺼내 분다. 염소는 자기를 위로하는 하모니카 연주에 깊은 인상을 받았는지 울음을 멈추고 가만있는다. 그 하모니카 소리, 그리고 황혼을 배경으로 한 염소와 남자의 실루엣이 내 마음속으로 들어온다. 웬일인지 내 마음속은 휑하니 비어있었던 모양이다. 하모니카와 염소가 들어오자 비로소 꽉 찬 느낌이 든다. 정확히 표현하자면 벅찬, 느낌이. (pp. 157~158)

　진희는 제방 위에 메어져 혼자 울고 있는 염소를 보고 안타까워한다. 이는 어릴적 자신의 모습이 생각나서 안타까움을 느끼며 누가 빨리 염소를 풀어주기를 간절히 바라는 것이다. 그때 한 남자가 나타나 염소에게 하모니카를 불어주자 염소는 울음을 그치고, 그 모습에서 진희는 자신의 마음속에 꽉 찬 느낌을 받는다. 그동안 진희는 어머니의 상처로 인한 아픔과 외로움을 내면에 감추고 '보여지는 나'로 삶을 살았다. 아무에게도 말하지 못하고 위로받지 못한 아픔이 염소와 동일시하는 것[66]에서 나타난다.

---

66) 김화영은 "염소는 '언젠가의 나'의 변형임을 알 수 있다. 염소는 제방 위

집에 도착하자 삼촌 방에서 나온 남자가 염소에게 하모니카를 불어주던 그 남자라고 진희는 생각한다. 그 남자는 허석이었으며, 진희는 허석에게 사랑을 느낀다. 진희는 강렬한 첫 인상과 함께 그 남자가 허석이라는 착각 때문에 사랑한다. 하지만 그녀는 허석이 떠난 후에 그 남자가 허석이 아니라는 환상에서 깨어난다.

> 허석이 그렇게 떠나버린 후에도 내 마음의 평정은 쉽게 되찾아지지 않았다. 나는 염소와 하모니카의 실루엣에서 도저히 벗어날 수가 없었다. … 그제서야 나는 삶의 경고를 깨달았다. 경악한 나는 하모니카를 불고 있는 남자 쪽으로 마구 달려가 보았다. … 그날 하모니카를 불던 사람도 바로 이 사람이었다. 허석이 아니었다. 하모니카와 염소의 실루엣은 허석이 아니라 바로 이 낯선 남자의 것이었다. 내 사랑이 이 이미지에서 비롯된 것이라면 나는 마땅히 허석이 아닌 이 더러운 낯빛의 구부정한 아저씨를 사랑했어야 하는 것이었다. 그런 거였다. … 삶도 그런 것이다. 어이없고 하찮은 우연이 삶을 이끌어간다. 그러니 뜻을 캐내려고 애쓰지 마라. 삶은 농담인 것이다. (pp.402~403)

진희가 허석을 사랑하게 된 것은 우연한 착각 때문이다. 운명적인 사랑이란 존재하지 않음을 깨닫게 된 진희는 사랑과 삶을

에 '매여'서 '균형'을 잡으려고 사선으로 서서 안간힘을 쓰며 울고 있다. 또 언젠가의 나처럼 '누가 빨리 와서 풀어주고 데려갔으면"라고 분석하였다. 김화영, 「숨은 그림찾기로서의 소설―은희경의 『새의 선물』」, 『문학동네』6, 문학동네, 1996, 2, P.436.

냉소하게 된다. 허석은 '나와 이모의 삶을 뿌리째 흔들어 놓은' 사람이지만, 떠난 후에는 우리와는 관련이 없는 사람이 되었다. 이모에게 중절 수술과 마음의 상처를 남긴 무책임한 인물이며, 진희에게는 환상이 깨져버린 존재로 남게 된다. 사랑에 대한 냉소는 진희에게 부정적인 아버지 상을 갖게 하는데, 결말 부분에서 아버지의 등장에 냉소적인 태도를 보이는 진희의 모습에서 알 수 있다.

사랑과 결혼 그리고 성에 대한 냉소적인 태도는 나아가 삶에 대한 냉소로 이어지고, 이것은 '아버지'로 대표되는 삶의 질서에 대한 냉소로 이어진다. 이 작품의 결말에 아버지가 등장하는데, 아버지를 맞이하는 진희의 태도에서 냉소와 조롱을 알 수 있다. 이것은 가부장제 사회의 진입, 즉 상징계로의 진입을 거부하고 실재계에 머물며 자신의 순수한 주체성을 지키려는 일환으로 볼 수 있다.

"진희야, 아버지다."
나는 왼쪽 털신 속에 발을 집어넣고 이번에는 오른쪽 털신을 벗어들고는 그 안의 눈을 털어냈다. '보여지는 나'가 말한다. 공손하게 인사를 해. 침착하게. '바라보는 나'가 말한다. 반가워하지 마. 아버지라고? 농담이야. 60년대엔 나에게 아버지가 없었지. 그러니 이건 새로운 농담이 틀림없어. 70년대식 농담인 거야. 시대라는 구획에서 자유로울 수 없다는 건 어쩔 수 없이 인정하더라도 맙소사, 아버지라니, 70년대엔 내게 아버지가 있다니, 이건 대단한 농담이다. (pp.424~425)

김형중은 "외형상 성장소설의 형식을 취하고 있는 이 작품의 결말에 아버지가 등장했다면 그것은 라캉식으로 말해 '아버지의 이름'에 의해 지배되는 '상징계'의 영역에 이제 진희가 도달하게 되었음을 암시하는 것으로 이해하는 것이 타당하다. 게다가 진희는 아버지와의 해후 직전에 성인 사회로의 진입을 위한 '입사식'으로 해석해야 마땅할 죽음(유지공장의 화재)과 초경, 그리고 실연(이모의 그리고 자신의 실연)을 이미 겪은 바 있기도 하다."67) 고 분석하였다. 하지만 아버지의 등장을 농담이라고 말하는 진희는 오히려 '아버지의 이름'에 의해 지배되는 상징계로의 진입을 거부하고 실재계에 머물며 순수한 자신의 주체를 지켜가려는 것으로 볼 수 있다. 이는 상징계에 머물 수밖에 없는 환경에서 자신을 지키기 위해 끊임없이 실재계를 추구하는 것으로 볼 수 있다. 그것은 진희의 '바라보는 나'는 아버지의 존재를 인정하지 않고 오히려 조롱하며, 농담으로 치부하는 것에서 알 수 있다. 이러한 부계질서에 대한 냉소는 삶의 냉소로 이어진다. 작품의 곳곳에서 삶을 냉소하는 모습이 드러나는데, 이는 '삶은 농담이다'라는 진희의 말을 통해 알 수 있다.

삶이란 장난기와 악의로 가득 차 있다. 기쁨을 준 다음에는 그것을 받고 기뻐하는 모습에 장난기가 발동해서 그 기쁨을 도로 뺏어갈지도 모르고 또 기쁨을 준만큼의 슬픔을 주려고 준비하고 있을지도 모른다. 그러니까 너무 기쁨을 내색해도 안 된다. 허석과 만난

---

67) 김형중, 「냉정과 열정 사이 – 은희경론」, 『작가세계』, 세계사, 2005, 9, p.97 참조.

일이 기쁘면 기쁠수록 내색을 하지 말자. 그리고 한편으로는 누구의 삶에서든 기쁨과 슬픔은 같은 양으로 채워지는 것이므로 이처럼 기쁜 일이 있다는 것은 이만큼의 슬픈 일이 있다는 뜻임을 상기하자. 삶이란 언제나 양면적이다. 사랑을 받을 때의 기쁨이 그 사랑을 잃을 때의 슬픔을 의미하는 것이듯이. 그러나 상처받지 않고 평정 속에서 살아가려면 언제나 이면을 보고자 하는 긴장을 잃어서는 안 된다. 편지를 가슴에 껴안고 즐거워하거나 되풀이해서 읽으면서 행복한 표정을 짓는 내 모습을 악의로운 삶에게 들키면 안 된다. (p.346)

삶도 그런 것이다. 어이없고 하찮은 우연이 삶을 이끌어간다. 그러니 뜻을 캐내려고 애쓰지 마라. 삶은 농담인 것이다. (p.405)

이처럼 '악의로운 삶'은 진희가 기쁨과 사랑조차도 즐길 수 없도록 만들었다. 그것은 진희가 너무 일찍 삶의 어두운 면을 보았으며, 삶은 언제나 진희에게 상처만 안겨주었기 때문일 것이다. 진희는 삶의 이면을 보면서 '바라보는 나', 상처받지 않은 자아를 보존한다. 그 상처를 이겨내는 방법으로 진희가 선택한 것은 삶을 조롱하고 비웃는 것이다. '삶은 하찮은 우연'의 연속이며 '삶은 농담'이라고 말하는 진희의 모습에서는 어린 소녀의 모습은 찾아볼 수 없다. 성장에 대한 멈춤, 일상에서의 일탈, 삶을 냉소와 농담으로 인식한 진희는 새 삶에 대한 기대가 없다. 그것은 새 삶이 새로운 방법으로 나를 조종할 기회를 주지 않기 위해 삶을 멀리서 보려고 애쓴다. 그럼에도 진희는 주어진 삶에 성실

했으며, 자신의 삶을 방치하지 않는다. 진희는 삶이 자신에게 호의적이지 않다는 것을 알기에, 단지 삶이 가까이 오지 못하도록 긴장하는 것이다.

지젝에 따르면 이데올로기적 환영을 구성하는 것은, 자신의 잘못을 알고 있음에도 불구하고 계속되는 행동이라고 말한다. 그 예로 여성과 남성이 평등하다는 것을 알지만 그렇지 않은 것처럼 행동하기 때문에 우리는 여전히 이데올로기적 사회를 살고 있다고 지적한다.68) 지젝의 말처럼 가부장제 사회는 지금도 유지되기에 진희는 "90년대가 되었어도 세상은 내가 열두 살이었던 60년대와 똑같이 흘러간다. 열두 살 이후 나는 성장할 필요가 없었다"(P.433)고 말한다. 여기에서 진희는 열두 살 때 주체성을 확립하였으며, 세상을 꿰뚫어보고 비판하는 시각을 지녔다는 것을 알 수 있다. 그것은 타인들의 삶을 관찰함으로써, 특히 가부장제 사회에서 억압된 삶을 살아갈 수밖에 없는 여성들을 통해 주체성을 확립하였다. 즉 진희는 가부장제의 틀 속에서 왜곡된 여성성을 발견하고, 사회제도로부터 일탈하여 주체성을 가진 한 사람으로서의 삶을 살아간다. 주체적인 여성의 삶의 가능성에 대한 믿음, 주체적인 양성의 평등한 결합의 가능성을 획득한 것이다. 이제 그녀에게는 사랑도 '마음먹은 대로 생겨나고 폐기되는' 것이다. 이는 제도와 편견을 넘어 모두를 사랑할 수 있는 가능성을 지닌 것이다.

---

68) 토니 마이어스, 앞의 책, pp.132~153 참조.

4. 맺음말

　1995년 동아일보 신춘문예에 「이중주」가 당선되면서 작품 활동을 시작한 은희경의 소설은 현실에서 벗어난 인물을 통해 독자들에게 여성의 일탈 욕구와 자유 의지를 간접적으로 경험하게 해준다. 그래서 그녀들은 하나같이 한 남자나 절대적인 사랑에 의존하거나 순종하지 않고, 오히려 사랑에 대한 냉소와 배신을 보인다. 이러한 까닭에 그녀의 작품에 등장하는 여성들은 사랑에 냉소적이고 결혼 제도의 모순성에 대해 회의를 가지고 있는 여성들이 등장하게 된다. 이 때문에 은희경은 한국문학사 전체를 통틀어볼 때 매우 생소하고 이질적인 여성인물들을 창조했다는 평가도 받았다. 이러한 주체적인 여성들의 창조는 그의 첫 장편소설인 『새의 선물』에서 그 시초를 볼 수 있다.

　『새의 선물』의 주인공 진희는 열두 살의 소녀이다. 진희는 일찍 부모와 헤어져 감나무집으로 불리는 할머니 댁에서 삼촌, 이모와 함께 살아간다. 감나무집에는 여러 가구들이 세들어 사는데 진희는 우물을 중심으로 펼쳐지는 사람들의 다양한 삶을 관찰한다. 어머니의 죽음과 아버지의 부재로 진희의 유년 시절은 상처(트라우마)로 점철된다. 진희는 상처로 인한 내압으로부터 스스로를 방어하기 위해 '바라보는 나'와 '보여지는 나'로 자신을 분리하고 세상으로부터 거리를 두게 된다. 그때부터 진희는 관찰을 통해 삶의 이면을 훔쳐보게 된다. 이를 통해 가부장적인 남성

중심 사회에서 여성에게 불리한 삶의 모순을 바라보며 주인공이 갖게 되는 것은 결혼과 성, 사랑과 삶에 대한 '냉소'였다. 냉소는 진희로 하여금 일상으로부터 일탈하여 진희가 자기 삶을 주체적으로 살아가는 근원이 된다. 이것은 진희가 아이의 시선으로 주변(어른들의 삶)을 관찰하는 것은, 주체성을 가진 아이가 어른들의 삶을 생것으로 보여주는 작가의 전략적 장치로 볼 수 있다. 작가의 이러한 글쓰기는 여성의 문제에 대한 새로운 말하기 방식이라는 것에 그 의의가 있다.

작가의 이러한 의식은 페미니즘과 부합된다. 페미니즘은 성 차이에 대한 편견적 문화적 제도에 의해서 만들어진 성적 불평등을 해소하고, 이를 영속화시키는 사회적, 심리적 기제들에 대항하는 실천 과정 속에서 발생하였다. 은희경 역시 작품을 통해 가부장제 사회에서 억압받는 여성들이 어떻게 주체성을 갖고 자아정체성을 확립해 가는 가를 보여준다. 나아가 사회제도와 팔자소관에 얽매여 자신을 합리화하며 사는 여성들에게 각성의 계기를 제공하고 있다.

은희경의 작품에는 '상처받은 여성', '성(性)을 편력하는 여성', '모성을 거부하는 여성'이 나타난다. 그녀들은 사랑과 성에 있어서 냉소적인 시선을 유지하면서 더 과감하고, 더 도발적인 여성 인물을 통해 현대 여성의 변화된 의식을 고스란히 표현하고 있는 작품 속 여성인물을 통해 현대인과 현대적 삶 전반에 대한 은희경의 날카로운 통찰을 읽을 수 있다.

<참고문헌>

1. 기본자료

은희경, <새의 선물>, 문학동네, (1995) 2000.
　---　, <이중주>,
　---, <마지막 춤을 나와 함께>, 문학동네 1998.

2. 논문 및 단행본

김미현, 『한국여성소설과 페미니즘』, 신구문화사, 1996.
김형중, 「냉정과 열정 사이 - 은희경론」, 『작가세계』, 세계사, 2005, 9.
김화영, 「숨은 그림찾기로서의 소설-은희경의 『새의 선물』」, 『문학동네』6, 문학동네, 1996.
나병철, 「여성 성장소설과 아버지의 부재」, 『여성문학연구원』, 2003.
박금주, 「은희경의 일탈, '마지막 춤으로의 유혹-『마지막 춤을 나와 함께』를 중심으로」, 『한국문학이론과 비평』23, 한국문학이론과 비평학회, 2004
이정희, 「트라우마와 여성 성장의 두 구도-은희경의 『새의 선물』과 신경숙의 『외딴방』을 중심으로」, 『경희대고봉론집』 25, 1999, 12.
최현주, 『한국 현대 성장소설의 세계』, 박이정, 2002.
G. 프로이트, 임홍빈 옮김, 『정신분석 강의』, 열린책들, 1997.
토니 마이어스, 박정수 옮김, 『누가 슬라보예 지젝을 미워하는가』, 앨피, 2005.
숀호머, 김서영 옮김, 『라캉읽기』, 은행나무, 2010.

<사반의 십자가>에 나타난 인물의 상관성과 그 의미

은미숙 · 명지전문대 문예창작과 강사

1. 서론

<사반의 십자가>69)는 이천 년 전 성서에 나오는 공간을 배경으로 하고 있다. 이 소설은 일반적으로 종교적 소설로 간주되지만 김동리 소설에 나타나는 종교적 소재나 설화적인 모티브는 인간의 원초적 세계 또는 초월적인 세계를 상징하는 요소이다.70)

주지하듯 김동리는 종교적 관심이 많은 작가로서 소설에서 시대와 배경을 초월하여 종교적 소재를 다양하게 활용하였다. 따라서 이 소설에 나타나는 기독교 모티브 역시 어떤 특정 종교에 대한 신앙 여부를 다룬 것이 아니라 인간의 근원적 세계를 상징하는 것으로 볼 수 있다. 소설에서 종교적인 소재는 인간의 무의식을 반영하고 근원을 탐색하는 요소로 해석할 수 있다.

---

69) <사반의 십지가>는 1955년 11월부터 1957년 4월까지 <<현대문학>>에 연재되었고 1958년에 일신사에서 단행본으로 간행되었으며 1982년 개작하여 홍성사에서 출간하였다. 본고는 1995년 민음사판 개작본을 텍스트로 함.
70) 이 글은 저자의 박사학위 논문 『김동리 소설 연구-서사적 자아의 '자기 동일적 정체성' 탐구를 중심으로』에서 주요하게 다룬 8편의 소설 중 <사반의 십자가>를 대상으로 하여 소설의 주요 인물인 '예수'와 '사반'의 상관성에 초점을 맞춘 것으로서 박사학위 논문을 바탕으로 논의를 확장, 심화하였다.

현대인의 무의식에는 종교적 인간의 흔적이 남아 있는데, 종교적이라는 것은 특정한 종교나 개개의 종교와 연계된 인식이 아니라 근원적인 것으로 인간 모두에게 보편적으로 내재되어 있다.71) 따라서 김동리 소설에서의 종교적인 소재나 설화적인 모티브는 근원적이고 본질적인 것을 상징하는 것임을 유추할 수 있다. 그의 소설에 나타나는 종교적 세계는 외부세계에만 집중되어 있는 우리의 삶을 진단하고 이러한 삶에서 방향을 돌이켜 진정한 삶의 의미와 가치를 찾는데 필요한 그 근거로 볼 수 있다. 즉 인간의 내면에 대한 자각과 통찰을 촉구하는 근원적인 요소를 상징하는 것이다.

김동리는 종교, 죽음, 구원, 운명, 신화, 원형 등 인간의 근원적이며 원형적인 세계를 통해 인간의 '구경적 삶'에 주력한 작가이다. 그는 그의 문학의 지향점인 '구경적 삶'에 대해 '시대와 사회를 초월하여 인간의 가장 보편적이요 근본적인 삶'으로서 생명현상적 삶이나 직업적 삶에서 만족할 수 없는 제3단계의 생의 방식이라 하였다.72) 이러한 삶은 현실적 세계를 초월하여 근원적 세계를 추구하는 데로 나아가는 궁극적인 지향을 의미하며 개별적 존재의 근원적 의미와 탐구가 이루어질 때 실현될 수 있는 삶을 의미한다. 다시 말해 인간의 현실적 세계를 초월하여 근원적 세계를 추구하는 데로 나아가는 궁극적인 지향을 의미하며 존재의 근원적 의미와 탐구가 이루어질 때 실현될 수 있는 삶이

---

71) 정진홍, 『M 엘리아데:종교와 신화』, 살림, 2003, p.16-17 참조.
72) 김동리, 「문학하는 것에 대한 사고」, 『문학과 인간』, 민음사, 1997, p.72.

다.

김동리는 '현대인의 고독'이 현대문명에서 기인된 것이라 하였다. 기계, 물질, 과학 등으로 표현되는 현대문명은 현세주의 문명이기 때문에 내세 또는 죽음에 대한 여러 가지 문제들이 소외되어 있으며, 이로 인해 "삶의 끝이 어떻게 되느냐 하는 문제보다는 어떻게 사는 것이 유익하고 편리하며 만족한가 하는 쪽으로 쏠려 있는 것이 현대 문명"이라는 것이다.73) 이러한 문제제기는 오늘날 현대인에게도 '구경적 삶'의 궁극적 의미를 일깨운다.

본고는 <사반의 십자가>의 주요 인물, '사반'과 '예수'의 상관성에 주목하고자 한다. 이러한 작업은 시대와 공간을 초월하여 인간 존재의 근원적 세계를 탐구하는 김동리 소설의 심층적인 이해를 도모하기 때문이다. <사반의 십자가>에서의 종교적 요소는 단순히 종교적 세계를 넘어 인간의 근원을 상징하며 '구경적 삶'을 나타내는 것으로 해석한다면 보다 심층적이고 풍요로운 독법이 될 것이다. 나아가 이를 통하여 작가 의식이 이 소설을 통해서 어떻게 나타나는지를 살펴보고자 한다.

2. 사반과 예수의 병치적 관계의 상관성

<사반의 십자가>는 '사반'과 '예수'의 생애가 병치적으로 나타

---

73) 김동리, 「고독에 대하여」, 『고독과 인생』, 백만사, 1977, p.32.

난다. 로마의 식민지인 이스라엘의 구원을 위해 사반이 혈맹단의 단장으로 살아가는 내용과, 메시아인 예수의 선교 활동과 순교 과정이 병치되는 것이다. 이러한 병치적 기법은 이 소설에서 '사반'과 '예수'의 관계가 서로 밀접한 관련이 있다는 것을 암시하며 그 비중 또한 거의 동일하다는 것을 보여주는 것으로 해석할 수 있다.

사반은 유대인으로서 '혈맹단'이라는 지하조직을 결성하여 로마의 압제에서 유대민족을 해방시키고자 분투한다. 그는 메시아 예수의 권능을 통해 무력으로 그 뜻을 이루기를 원한다. 하지만 예수는 유대인들이 하나님에 대한 믿음을 회복하여 근원적 문제를 해결하기를 촉구하는 존재이다. 예수는 사반에게 현재 유대민족이 로마인의 속국으로 살아가는 근원적인 이유가 무엇인지 일깨우고 여기에서 돌이켜야만 현재의 문제를 해결할 수 있음을 지속적으로 설파한다. 말하자면 당시 유대백성들이 하나님으로부터 멀어져서 징계를 받는다는 것을 일깨워 근원적 문제를 해결하기를 촉구하는 존재로서 사반의 내면의 변화를 촉구하는 상징적인 존재인 것이다. 이때 예수는 사반의 의식을 초월하는 선험적인 존재로서 사반을 비롯한 모든 유대인의 내면의 변화를 촉구하는 상징적인 존재로 볼 수 있다. 이러한 근거는 다음과 같은 내용을 통해 나타난다.

그렇다면 어찌하여 세례 요한의 입으로 외쳐진 그 한마디가 예수의 마음속에 그렇게도 위대하고 황홀한 심적(心的) 전기(轉機)를 일으키게 했단 말인가. 그렇다, 그것은 세례요한이라는 일개 인간의 소리가 아니었다. '광야의 소리'요, 하나님의 소리였다. 하나님의 소리가, 하나님의 계시가 세례 요한의 입을 빌려 '광야의 소리'로 외쳐졌던 것이다. 그리고 이것은 예수와 같이 이십 년 동안이나 유대나라와 유대 사람을 로마인의 질곡에서 벗어나게 하기 위하여 뜨거운 눈물과 기도로 지내온 사람만이 그 참뜻을 잡을 수 있는 하늘의 소리이기도 했다. (p.116)

위의 인용문에 의하면 예수에게 요한의 외침은 요한의 입을 빌린 하나님의 계시로서 "광야의 소리"로 들렸다는 것이다. 그런데 요한의 '천국'이라는 한마디가 예수의 마음속에 그토록 '위대하고 황홀한 심적(心的) 전기(轉機)'를 일으키게 한 것은 예수와 같이 오랫동안 뜨거운 눈물과 간절한 기도로 지내온 사람만이 그 참뜻을 잡을 수 있는 "하늘의 소리"라 묘사된다. 이는 예수가 오랫동안 하루도 변함없이 "하나님의 때"를 기다리며 기도를 통해 하나님과 접촉했기 때문에 세례 요한을 통해서 여호와의 소리(상징)를 알아듣게 되었다는 것이다.

기도는 무의식과의 접촉이자 시도로써 내면으로의 침잠의 방편이다. 내면으로의 침잠은 무의식의 심층으로 들어가 새로운 인격으로 변환되는 과정이다. 그러므로 예수의 기도생활은 무의식에 귀를 기울이고 무의식의 흐름을 조용하게 관조하는 것을 나타낸다. 예수는 유대나라의 해방이 사람의 지혜와 힘으로써는 어떻게 할 수 없는 거의 절망적인 일임을 인식하고 기도로써 여호와의 능력을 믿고 기다려 왔다는 것이다.

예수는 꾸준한 기도를 통해 그의 본질인 하나님과 접촉하고 지속적으로 자신을 성찰했다. 예수는 자신의 주관적인 생각이나 세속적인 욕망에 집착하지 않고 기도를 통해 오직 하늘의 소리에 귀를 기울이고 있었기 때문에 세례 요한의 외침을 듣고 하나님의 계시를 깨닫게 된 것이다.

예수는 요한의 외침을 듣기 전까지는 유대인과 로마인의 관계를 '지상적 문제'로만 생각했다가 '광야의 소리'를 듣는 순간 지금까지의 생각이 '홀연히 뒤집혀 진'다. 유대나라와 로마제국의 문제는 '홍해를 벽같이 갈라 세우던 모세의 권능'으로도 해결할 수 없는 것이며 유대를 구하는 일이 "사람의 지혜와 힘으로써는 어떻게 할 수 없는 거의 절망적인 당시의 일"이었다. 그리하여 예수는 하나님이 모세에게 권능으로 이방인을 구해낸 것같이 예수에게도 나타나 그러한 방법으로 유대민족을 이방인의 손에서 건져내리라 믿고 기다렸는데 요한의 외침을 듣고 이제 그 방법이 모세와 같지 않다는 것을 알게 된 것이다. 그것은 "하나님의 다른 뜻"으로 해결할 것이라고 새롭게 깨닫게 된다. 즉 유대인과 로마인의 관계는 지상적 문제를 넘어 이스라엘과 하늘나라와의 관계 회복이 문제였던 것이다.

이때 세례자 요한은 예수에게 유대나라와 유대사람에 대한 정치적 현실 문제를 말하지 않았을 뿐만 아니라 로마 제국과 로마 총독과 그밖의 모든 이방인과의 문제는 비치지지도 않았지만 예수는 요한의 외침을 듣고 '번개를 맞는 듯한 순간'을 경험하고 '땅에서 하늘로 비약하는 계기'가 되었다고 서술된다. 이것은 예수가 당시 유대의 정치적 현실이나 문제에 대해 하늘의 새로운 계시를 깨닫게 되었다는 것을 의미하는 것이다.

모세에게 직접 나타났던 여호와는 예수에게는 세례요한을 통해 계시했다는 것을 알 수 있다. 심리학적인 의미에서 계시란 정신의 심층에 깊숙이 숨어있던 진리가 의식 세계로 표출되는 것을 말한다. 무의식은 끊임없이 무수한 상징들을 제공해주고, 이들 상징은 어떤 특정한 메시지를 전달하거나 어떤 특수한 사명을 다하는 역할을 한다.74) 세례 요한의 외침은 예수에게 하나님의 소리(상징)로서 심적 전기를 일으킬만한 충격적인 사건이 된 것이다.

예수에게 세례 요한의 외치는 소리는 심층에서 들려오는 신의 부름과 같이 그 깊이를 모르는 무의식의 한 속성이며 '자기'원형에서 나온 것이라 할 수 있다.75) 신의 소리는 심리학적으로 보면 거역할 수 없는 힘을 지닌 내적인 소리로 우리의 전체 정신을 관할하는 내적인 중심인 원형의 소리이다. 그것은 예수의 마음이 "광야의 소리를 들은 그 순간에 홀연히 뒤집혀진 것"이라든가 "예수의 '마음 속'에 그렇게도 위대하고 황홀한 '심적(心的) 전기(轉機)''를 일으키게 한 것", 그리고 "그의 마음속은 성신으로 충만하기 시작했다"는 묘사를 통해 나타난다. 이것은 예수의 마음의 상태를 보여주는 것으로 예수가 하늘의 계시를 통해 마음의 전환을 일으키고 새롭게 하나님의 뜻을 알게 되어 메시아

---

74) M. 엘리아데, 이은봉 역, 『성과 속』, 한길사, 2003, p. 188 참조.
75) C.G. 융, 김성민 역, 『분석심리학과 종교』, 학지사, 2014, p.338.

로서의 정체성을 확립하게 된 것을 나타내는 것이다.

이 소설에서 세례 요한은 예수의 공적 사역이 시작되기 전에 사람들이 구원받을 수 있도록 미리 길을 닦는 역할을 하는 인물로서 유대인들에게 회개를 촉구하며 하나님께로 마음을 돌이키지 않으면 하늘나라에 들어갈 수 없다고 전하는 하나님의 매개자이다.

......그렇다면 무엇이냐? 우리는 돌아가 그대를 누구라고 보고해야 하느냐 하고 물으니, 나는 선지자 이사야가 말한 대로 "주의 길을 곧게 하려고 광야에서 외치는 이의 소리다"라고 대답했다는 것이다. (p.39.)

세례요한은 자신을 이사야 선지자의 예언대로 "주의 길을 곧게 하려고 광야에서 외치는 이의 소리"라고 자신의 정체성을 밝혔다.76) 그는 다만 "뒤에 올 그를 위하여 사람들의 귀를 열어두는 것뿐"이라고 하였다. 그가 '주의 길을 곧게' 하려 한다는 말은 사람들이 회개를 통하여 '마음'을 새롭게 하여 예수의 말을 이해할 수 있도록 예비한다는 말로 이해할 수 있다. 근원적인 세계와 멀어져 마음이 깨끗하지 않다면 예수의 이치를 깨달을 수 없기 때문이다. 즉 사람의 마음의 상태에 따라 같은 말을 듣더라도 그것이 받아들여지는 것은 각각 같지 않다는 말이다. 따라서 세례 요한의 "회개하라"는 외침은 예수가 요한을 통해 '심적 전기'를 일

---
76) 김동리, 『사반의 십자가』, 민음사, 1995, p.39

으킨 것과 같이 근원적인 세계인 하늘나라에서 멀어진 유대인들이 회개하고 '마음'을 전환하여 '의식'을 새롭게 하라고 경고하는 것이다. 하지만 누구다 다 예수처럼 세례 요한의 외침을 듣고 회개하거나 심적 전기를 일으키는 것은 아니다. 그것은 예수처럼 오랜 기간 기도로써 하늘의 뜻을 구하는 사람에게 가능한 것이다.

예수는 세례자 요한처럼 사반과 모든 유대인에게 근원적 문제를 인식하고 이에서 돌이키기를 촉구하지만 사람들은 이를 외면한다. 이는 사반이 예수의 말을 이해하지도 수용하지도 않는 것을 통해서 확인할 수 있다.

사반은 점성술사 하닷의 예언에 따라 자신을 암별이며 예수를 수별이라 생각한다. 하닷의 예언에 의하면 암별이 수별과 만나 유대의 독립을 이루게 될 것이라 했기 때문에 큰 기대를 품고 있었던 것이다. 사반은 예수의 권능을 통해 무력으로 유대민족이 로마의 압제로부터 독립할 것을 기대하는 것이다.

사반을 중심으로 한 혈맹단의 목적은 메시아의 권능을 통해 무력으로 로마군과 대항하여 그들을 물리치고 독립을 이루는 것이다. 사반은 혈맹단원들과 훈련하며 메시아를 만날 때를 기다리던 중 예수의 소문을 듣게 된다. 예수가 문둥병자와 중풍병자를 고치고 귀신을 쫓으며 죽은 자를 살리고 물을 포도주로 만드는 등 수많은 이적을 행한다는 소문을 듣고 이런 이적으로 미루어

보아 모든 유대인들이 기다리는 메시아가 틀림이 없다고 믿는다. 사반은 점성술사 하닷의 예언에 따라 예수가 수별로 암시되는 메시아이기를 기대하고 만난다. 그런데 사반은 예수와의 첫 만남에서 대화의 합치점을 찾지 못한다. 수별인 예수가 자신과 뜻이 다름을 알고 실망한다.

> "랍비여, 우리는 땅 위에 있나이다. 땅 위에 맺은 것을 땅 위에서 이루게 하여주소서"
> ……중략
> "사람이여 들으라. 사람이 땅 위에 있음은 오직 하늘에 맺기 위함이니라. 사람과 사람이 더불어 맺으면 사람과 함께 죽을 것이요, 사람과 땅이 더불어 맺으면 땅과 함께 또한 멸망할 것이니라. 진실로 내 그대에게 이르노니 사람의 귀중한 생명이 오직 하늘에 맺어짐으로써 하나님 아버지의 끝없는 삶과 영광을 누릴지니라." (p.105.)

사반은 예수에게 권능을 통해 민족의 해방을 이루어줄 것을 호소한다. 하지만 예수는 사반이 알아듣기 어려운 답변을 할 뿐이다. 사반은 예수에게 사람이 땅 위에 맺은 것을 땅 위에서 이루게 해달라고 호소하지만 예수는 사람이 땅 위에 있음은 오직 하늘에 맺기 위함이라고 말하는 것이다. 사반은 예수와 커다란 간극이 있음을 알고 혼란스러워한다.

이 소설에서 유대인들이 살고 있는 땅의 세계는 믿음이 변질되고 분쟁과 권모술수가 횡행하는 타락한 세상으로 묘사된다. 당시 형식주의에 빠진 종교지도자들이나 율법사들은 창녀나 세리보다 더 타락하고 부패했으며 기득권자들은 자신들의 기득권을 지키기 위해 율법을 이용하여 살육을 서슴지 않는 등 악행이 만연된 세상이다. 바리새인들이나 서기관들은 교칙과 교율만을 하나님으로 내세워 죄 없는 사람들을 정죄하며 죽이기도 한다. 이러한 현상은 다음과 같은 내용을 통해서 나타난다.

> 그러나 예수의 설교는 그의 이적보다도 바리새교인과 레위사람들에게 더 많은 반발과 적의를 일으키는 결과가 되었다. 그들의 교칙에 의하면, 안식일에는 병을 고치는 일도 죄가 되었던 것이다. 병을 고치는 일이 하나님의 뜻이든지 어떻든지 그들에게는 아랑곳이 없었다. 다만 교칙과 교율(敎律), 그것만이 그들의 하나님이요, 진리요, 선이었다. (p.220.)

사반과 모든 유대인들이 살아가는 땅에서의 타락한 현상은 근원적인 것에서 멀어진 결과이다. 예수가 말하는 하늘나라는 선과 진리와 사랑을 추구하지만 땅에서는 온갖 악행이 자행되고 있다. 사반이 땅위에 맺은 것을 땅위에서 이루어지게 해달라는 간청에 예수가 땅에 맺은 것은 멸망하므로 하늘에 맺으라고 대답한 것은 땅에서의 현실의 원인을 신과의 관계에서 찾으라고 일깨우는 것이다. 진정한 회개를 통해 하늘나라와의 관계를 회복하지 않고서는 이후에 어떤 일을 이루더라도 같은 상황이 반복될 것이라는 말이다. 따라서 예수가 '하늘에 맺으라'고 하는 것은 사람들이 땅에서의 문제의 근원을 파악해야 하며 하늘과의 관계 회복에 힘써야 한다는 것을 강조하는 것이다. 다시 말해 조상대대로 고난을 겪어 온 그 원인을 파악하고 여기에서 돌이키도록 의식을 개혁해야 한다는 것이다.

이 소설에서 예수가 말하는 하늘이나 하늘나라는 육신과 물질의 세계에 대비되는 개념으로서의 비현실적 내세의 세계를 가리키는 것이라기보다는 육신과 물질의 세계를 이루는 근원적 세계를 나타내는 것으로 해석할 수 있다 하늘은 무한하고 초월적이며 절대적인 실재로서 초월성, 위력, 영원을 계시한다.77) 무한한 하늘은 세속에 물들지 않은 영원한 세계로써 지상의 삶의 조건을 초월하며 삶의 원리이자 근거가 되는 신성한 세계로 간주된다. 이러한 맥락으로 볼 때, 땅은 현실 세계를 상징하며 하늘은 땅을 아우르는 무한한 세계로서 땅의 근원지를 의미하는 것으로 "이스라엘이 하늘에 맺어졌다" 것은 이스라엘은 하늘 안에 포함되어 있고 이스라엘의 현실은 하늘과의 관계를 통해 파악할 수 있다는 말이다. 예수는 반복적으로 이스라엘이 하늘과 맺을 것을 강조하는데 이것은 비현실적인 세계나 내세의 세계에서의 복락을 누리도록 하기 위해서가 아니라 현재 하늘로부터 멀어져 타락한 땅의 현실을 일깨우고 근원적 변혁과 회복을 촉구하는 것이라 할 수 있다. 즉 이스라엘의 고난은 하늘나라와의 관계 회복을 촉구하는 신호이자 자극으로 보아야 한다는 것이다.

---

77) M. 엘리아데, 이동하 역, 『성과 속-종교의 본질』, 학민사, 1997, pp.104-105.

당시 유대인들은 하나님께 범죄하여 조상 때부터 애굽의 노예가 되기도 하고 로마에게 나라를 빼앗기는 등 수난을 겪어 왔다는 것이다. 이러한 사실은 유대의 역사로서 성경에 근거한 것이다.[78]

너희는 아브라함과 이삭과 이스라엘의 하나님 여호와께로 돌아오라. 그리하면 그가 너희 남은 자 곧 앗수르 왕의 손에서 벗어난 자에게로 돌아오시리라. 너희는 너희 조상들과 너희 형제들 같이 하지 말라. 그들은 그의 조상들의 하나님 여호와께 범죄하였으므로 여호와께서 멸망하도록 버려두신 것을 너희가 똑똑히 보는 바니라.[79]

위의 인용문은 하나님의 백성인 유대인의 조상들이 우상을 숭배하거나 하나님을 떠나 타락한 삶을 살다가 심판을 받아 고난을 겪는다는 내용이다. 유대인의 조상들은 그들이 섬기던 하나님의 진리나 선을 지키지 않을 뿐 아니라 우상숭배, 살인과 도둑질, 간음과 학살을 일삼았다. 유대를 죄악에 빠지게 한 주범이자

---

[78] 하용조, 편, 「신명기 29:24-27」, 『비전성경』, 두란노, 2000, p.309. 열방 사람들도 말하기를 여호와께서 어찌하여 이 땅에 이같이 행하셨느뇨 이같이 크고 열렬하게 노하심은 무슨 뜻이뇨 하면 그때에 사람이 대답하기를 그 무리가 자기의 조상의 하나님 여호와께서 그 조상을 애굽에서 인도하여 내실 때에 더불어 세우신 언약을 버리고 가서 자기들이 알지도 못하고 여호와께서 그들에게 주시지도 아니한 다른 신들을 섬겨 그에게 절한 까닭이라 이러므로 여호와께서 이 땅을 향하여 진노하사 이 책에 기록된 모든 저주대로 재앙을 내리시고 여호와께서 또 진노와 분함과 크게 통한하심으로 그들을 이땅에서 뽑아 내사 다른 나라에 던져 보내심이 오늘날과 같다 하리라.
[79] 하용조 편, 「역대하 30:6-7」, 『비전성경』, 두란노, 2000, p.698.

책임자는 제사장, 관리, 왕족 등 지도자들이었다. 그들은 번성할수록 죄를 범했고 하나님과 더욱 멀어졌다.[80] 이로 인해 유대인의 조상들은 하나님의 심판으로 애굽과 앗시리아에게 멸망당하고 고난을 겪었던 것이다. 그동안 많은 선지자들은 하나님의 심판을 예고하며 회개를 촉구했지만 유대인들은 지금까지 조상대대로 같은 죄를 되풀이했다. 그리하여 메시아인 예수는 하나님의 심판을 해결하기 위해서는 땅의 문제를 하늘과의 관계를 통해 해결해야 한다고 말하는 것으로 해석할 수 있다.

이렇게 현실의 문제를 신의 영역에서 찾고자 했던 것은 기독교뿐만이 아니다. 원시사회에서 제사장들은 인간의 문제를 신적인 영역에서 찾고자 했다. 아울러 신과 인간의 어긋남으로 인해 발생한 문제는 신과의 원활한 소통을 통해서 해결하고자 했던 것이다.[81] 곧 인간의 문제를 신과의 관계 속에서 해결하고자 하였으며 신과 이상적인 체제를 회복하기 위해 노력하였고 그로 인해 치유의 문제도 해결되었던 것이다. 땅은 신과의 관계를 통해 현실을 파악할 수 있는 유일한 수단이기에 현실의 문제를 신의 영역에서 찾고자 했던 것으로 볼 수 있다. 이와 같은 논리는 다음과 같은 내용을 통해서도 알 수 있다.

지금 자네가 예수님은 로마인을 물리치는 문제보다도 하늘나라

---

80) 하용조 편, 「호세아 4:1-15, 5:12-17」, 『비전성경』, 두란노, 2000, pp.1259-1260 참조.
81) 엄찬호, 「인문학의 치유적 의미에 대하여」, 『인문과학 연구』 25, 강원대학교 인문과학연구소, 2010, p.424.

이야기를 하는 일이 더 중요하게 생각되는 모양이더라고 했는데, 나는 거기 대해서 의문이 있네. 즉 예수가 하늘나라 이야기를 더 중시하는 것은, 그렇게 함으로써 결과적으로 로마인도 물리칠 수 있다고 믿는 것이 아닌가 하는 것과, 그렇게 함으로써 자기가 주장하는 하늘나라가 건설되기만 하면 로마니 유대니 하는 나라와 나라 사이의 대립도 절로 사라지게 될 것이라고 믿는 것이 아닌가 하는 경우가 그것일세. (p.244)

위의 인용문은 사반이 예수를 끌어들이기 위해 책략을 도모하던 중 예수의 제자이자 혈맹단 단원인 도마와 대화를 나누는 장면이다. 사반이 추측하는 것에 의하면 예수는 로마인을 물리치는 일보다도 이 땅에 하늘나라의 뜻이 이루어진다면 "로마니 유대니 하는 나라와 나라 사이의 대립도 절로 사라질 것'이라 믿고 있다는 것이다. 이는 근본적인 문제가 해결되면 나머지는 따라서 해결될 것이라는 말이다. 그렇지만 사반은 예수의 말을 이해하기가 어렵다. 로마인을 물리쳐야 한다는 현상적인 문제 해결에만 관심이 집중되어 있기 때문이다.

로마의 압제라는 현재의 상황은 근본적 문제가 무엇인지 성찰하는 기회가 되는 추동력이 될 수 있다. 이때 유대인들에게 로마의 압제에서의 상황은 타락하고 부패한 마음과 태도를 버리고 돌이킬 것을 촉구하는 기제인 것이다. 따라서 유대인의 조상들이 하나님의 공의를 떠나 죄악에 빠져 심판으로 인해 멸망당했지만 그들의 후손들도 여전히 돌이키지 않는 현실을 직시해야 함을 의미한다.

예수는 사반을 비롯한 유대인들에게 기존의 그릇된 가치관이나 신념 등을 자극하여 정신적인 자세를 바꾸도록 촉구하고 있다. 그릇된 가치관을 인정하게 될 때, 이전에 알지 못했던 것이나 허용하지 않았던 것들을 이해하고 받아들이며 수용하게 되는 것이다. 사반과 단원들은 유대인들의 근본적인 문제보다는 로마의 압제라는 외형적 상황에만 관심이 쏠려있다. 유대인들이 지금까지 조상 때부터 저질러온 근본적인 문제를 해결하지 않고서는 고난에서 벗어날 수 없다는 사실을 인식하지 못하는 것이다. 로마의 압제라는 현실적인 상황은 부패하고 타락한 내면적인 현상을 그 원인으로 볼 수 있다. 예수는 이러한 이스라엘의 근본적인 문제를 지적하고 이것의 해결이 선행되어야 현실적인 상황도 극복할 수 있게 될 것이라 말하는 것이다. 하지만 사반을 비롯한 유대인들은 그것을 인정하지도 수용하지도 않는다. 이러한 과정은 두 번째 만남과 세 번째 만남을 통해 더욱 구체적으로 드러난다.

3. 외형적 변혁의 기대와 근원적 인식 변화 촉구의 간극

　사반은 로마군과 격전을 벌인 후 예수를 다시 찾아간다. 거라사 동굴의 혈맹단 본부는 로마군에 의해 포위되어 있으며 단원들은 위기에 처해있는 상황이다. 사반은 로마인들을 이 땅에서 몰아내기 위하여 "죽이고 뺏고 불지르고" 했다며 예수에게 재난과 고통 속에서 구원해 달라고 간청한다. 그리고 거라사의 산 위에서 죽어가고 있는 자기의 형제들을 살려달라고 요청한다. 이에 예수는 사반 역시 죽음보다 나을 것이 없다고 말한다.

이는 사반이 로마군과 대항하여 '죽이고 뺏고 불지르는' 행위와 같은 외형적 문제 해결 방법으로 인해 더 큰 불행을 초래할 뿐 회개와 믿음의 회복을 통한 근원적인 방법을 외면한 것을 일깨우는 것이다. 사반에게 예수는 로마군대를 물리치겠다는 일방적인 목표만을 좇을 것이 아니라 그보다 궁극적인 목적을 인식할 수 있기를 촉구한다. 개혁이든 투쟁이든 가장 근본적인 문제의 원인을 파악해야 새로운 방안을 모색할 수 있다. 가장 기본적인 것에 대한 문제의 원인을 알아야 다음 단계에 대한 모색으로 넘어갈 수 있는 것이다.

"사람이여, 그대는 모세의 이룬 것이 완전 줄 믿느뇨. 이스라엘 사람들이 가나안에 들어온 뒤에도 이방인의 침노를 몇 번이나 받았으며, 그들에 의하여 죽고 잡혀 간 자가 또한 얼마나 많으뇨. 그대가 비록 유대인을 위하여 로마인을 죽였다 할지라도 그로 인하여 이스라엘의 영원한 화평을 얻지 못하는 것이요, 피는 피를 끌어서 점점 더 재난 속으로 빠지게 할 뿐이니라" (p.294.)

위의 인용문은 예수의 권능으로 로마의 압제에서 벗어나게 해달라는 사반의 요청에 대해 예수가 대응하는 말이다. 예수는 사반에게 모세가 권능으로 이스라엘 사람을 구했으나 지속적으로 이방인의 침노를 받았으며 많은 사람들이 죽고 잡혀갔던 것을 상기시키며 무력으로 해결하려는 것은 근본적인 방법이 아니라고 말한다. 즉 외형적인 문제만 해결하려는 것은 더 큰 문제를 야기한다는 것이다. 로마군만 물리치면 모든 문제가 해결될 것이라는 생각은 근본적인 문제를 간과한 것이라는 뜻이다. 예수는 사반이 로마군을 물리치겠다는 의지는 외형적인 현상에만 문제의 원인을 둔 것으로 이러한 문제 해결방법은 결국 또다른 불행한 역사의 전철을 밟는 일이라고 경고한다. 하지만 사반은 오직 로마와 대항하겠다는 의지를 굽히지 않는다.

예수는 사반에게 본질적인 세계인 하늘나라에 거듭나는 것 밖에는 영원한 것이 없다고 지속적으로 말한다. 믿음을 회복하고 근원적인 문제를 해결하라는 것이다. 돈이나 권세나 세상의 모든 영화와 같은 세속적 가치는 곧 사라지는 것이므로 영원한 가치를 추구하고 새롭게 거듭나야 한다고 강조한다. 사반에게 외형적 현상에 집중된 가치관을 지양하고 내면과의 전체적 균형을 꾀하도록 신호를 보내서 의식의 변화를 요청하는 것이다.

사반은 메시아의 권능을 통해 무력으로 민족의 해방을 이루려는 기대와 신념은 혁명가로서 마땅히 품을 수 있는 것이라 생각한다. 하지만 예수는 로마의 압제라는 상황이 근본적으로 하나님과 멀어졌기 때문에 겪는 고난이라면 하나님과의 관계를 회복하는 방안을 강구하는 것이 선행되도록 힘써야 한다는 것을 강조한다.

당시 유대 백성들이 하나님께 구원해 줄 것을 부르짖었고 하나님이 이에 모세를 통해 응답했다는 것은 하나님과 유대 백성과의 관계가 회복된 것을 의미한다. 이때 하나님은 유대 백성들이 애굽에서 나와 하나님을 섬기게 하려는 목적으로 모세를 통해 증거를 보여주었다는 것이다.

사반은 예수에게 모세처럼 권능을 통해 구원을 이루어줄 것을 요청하지만 예수는 모세의 권능은 유대 백성들이 먼저 믿음을 회복했을 때, 땅에서 이루어졌던 역사적 사건임을 일깨워주고자 한다. 하지만 사반은 근원적 문제를 인식하지 못하고 예수의 권능만을 요청한다.

인간이 신적인 존재와 접촉하려는 것은, 근원적인 것을 일깨우기 위한 방편이다. 사반은 혁명가로서 그동안 훈련을 통해 신체적 단련을 하고 하닷을 통해 영적 성장에 힘쓰기는 했지만 아직 예수의 암시를 깨닫지는 못하고 있다. 그것은 사반이 근본적 원인보다는 외형적인 문제에만 집중하여 근원적 해결방법을 찾으려 하지 않기 때문이다. 이렇게 외형적인 가치기준에 얽매여 있게 되면 더 나은 단계로 뛰어오를 수 없는 것이다. 개인의 세속적인 욕망이나 고정관념은 자아 중심적 사고가 만들어내는 편향적 인식의 장벽을 깨지 못한다.

자아중심적인 사고에서 벗어나 의식의 폭을 확장하게 되면 세계를 보는 방법이 바뀌게 되고 일방성에서 벗어나 전체를 조망하는 능력을 갖추게 된다. 사반은 예수가 말하는 기준이나 자신의 기대에 어긋나는 요소들을 거부한다. 세속적이고 외형적인 현상만을 중시하는 사반에게 예수는 여기에서 벗어나 근원적 세계와 균형을 갖출 것을 지속적으로 역설한다.

예수가 말하는 '하늘'은 물리적인 하늘이 아니라 하나님이 존재하는 공간을 의미한다. 그러므로 '하늘'은 사람들이 살아가는 땅과 동떨어진 장소가 아닌 것이다. 그 '하늘'은 땅을 포함하여 모든 것을 포괄한 세계이다.[82] 따라서 '하나님의 나라'는 땅과 하늘을 포괄하여 하나님이 통치하는 세계라는 것이다. 예수는 사람들이 하나님에서 멀어진 상황을 인식하고 돌이키기를 촉구하는 것이다.

예수는 모든 유대인들에게 이 땅에 하늘나라의 뜻이 이루어진다면 "로마니 유대니 하는 나라와 나라 사이의 대립도 절로 사라질 것"이라고 일깨운다.[83] 근본적인 문제가 해결된다면 나머지는 저절로 해결될 것이라는 말이다. 하늘나라와의 관계에서 멀어져 고통에 빠진 유대인들에게 본질적 문제를 인식하고 돌이켜야만 죽음보다 나을 것이 없는 삶에서 벗어날 수 있으며 땅에서의 문제도 해결될 것이라 강조하는 것이다. 진정한 '선과 진리와 하나님'에서 멀어져 부패하고 타락한 유대인들을 비판하고 여기에서 돌이키라고 권면하는 것이다.

"사람이여 들으라. 우리의 조상들이 가나안을 떠나 바빌론으로 잡혀갔으나 우리의 마음은 또한 예루살렘으로 돌아와 성전을 일으키

---

[82] 이종성, 『주기도문·십계명·사도신경』, 대한기독교서회, 1980, pp.7-10 참조.
[83] 김동리, 『사반의 십자가』, 민음사, 1995, pp.244-245.

지 않았더냐. 진실로 진실로 그대에게 이르노니 예루살렘의 성전은 하늘나라의 그것보다 더 크지 못할지니라. 예루살렘의 성전은 땅 위에 세워졌으므로 바빌론이나 로마인에 의하여 무너질 수 있으나 하늘에 세운 여호와의 성전은 영원히 깨어질 수 없을지니라. 사람이여, 들으라. 그대는 나에게 청하여 왕이 되라 했으나 나는 이미 저 높은 하늘나라에 영원히 쓰러지지 않는 새로운 왕국을 세웠느니라. 사람이 만약 그 생명을 나의 왕국에 맺는다면 그는 나와 더불어 영원한 복락을 누리게 될지니라."

"랍비여, 당신이 세우신 하늘의 왕국은 우리가 죽은 뒤엔 가는 곳이올시다. 살아있는 우리의 생명은 당신의 왕국이 땅 위에도 세워지기를 원하나이다."

...... 중략 (p.294.)

예수는 로마군을 물리치고자 권능을 요청하는 사반에게 이스라엘의 조상들이 바빌론에 잡혀갔을 때를 상기시킨다. 성전은 땅 위에 세워졌기 때문에 바빌론이나 로마인에 의해 무너질 수 있지만 하늘에 세운 성전은 영원히 깨어질 수 없을 것이라 말한다. 그리고 사반이 예수에게 왕이 될 것을 요청하지만 이미 하늘나라에 새로운 왕국을 세웠으며 사람이 생명을 그 왕국에 세운다면 영원한 복락을 누리게 될 것이라고 말한다.

예수가 이스라엘 조상들이 가나안을 떠나 바빌론으로 잡혀갔을 때의 상황을 상기시키는 것은 조상 개개인이 어떠한 상황에 처했다 하더라도 믿음과 마음을 잘 지키고 하나님의 백성으로서의 정체성을 잃지 않았던 것을 강조하는 것이다. 이 역시 현실적 문제는 근원적 문제가 무엇인지를 먼저 인식하고 그 해결방안을 강구해야 한다는 것을 의미한다.

현실적인 상황을 바꿀 수는 없지만 그 상황에서 마음을 어떻게 정할 것인가는 각자 선택할 수 있는 자유가 있다. 이때의 자유는 어떤 상황으로부터의 자유가 아니라 그 상황에서 어떤 마음가짐과 태도를 취할 수 있는 자유이다.84) 다시 말해 주어진 상황을 바꿀 수는 없지만 그 속에서 자신의 입장을 정할 수 있는 능력인 것이다. 인간은 선택을 할 수 있는 자유를 지닌 존재로서 선택을 통해 자신을 구현해 나갈 수 있다. 어떠한 상황에 처했다 할지라도 거기에서 어떤 마음과 태도를 취하는가는 자신의 선택에 달려있다는 것이다. 빅터 프랭클85)은 어떤 상황에서도 인간은 선택권을 가지고 있으며 정신적인 자유나 독립된 마음을 지닐 수 있다고 하였다. 외부적인 요소가 모든 것을 빼앗거나 억압할 수 있지만 어떤 상황에서든지 자신의 마음과 태도를 선택하는 것은 개인의 자유라는 것이다.

예수는 "하나님은 죽은 자의 하나님이 아니요, 산 자의 하나님"이라 말했다.86) 하늘과 하늘나라는 죽은 뒤에나 가는 나라가 아니라는 것이다. 부패하고 타락한 현실을 근본적으로 개혁한 세계, 믿음에서 멀어진 이스라엘 백성들이 마음을 새롭게 하고 정체성을 회복하여 하나님과 통합된 세계를 말하는 것이다. 부패하

---

84) 빅터프랭클, 이봉우 역, 『심리요법과 현대인』, 2000, pp.68-69 참조.
85) 빅터프랭클, 이봉우 역, 『심리요법과 현대인』, 2000, pp.68-69 참조.
86) 김동리, 『사반의 십자가, 민음사, 1995, p.254.

고 타락하기 전 온전한 믿음을 지녔던 세계로의 회복을 지향하는 것은 근원적 세계를 통한 문제의 해결을 촉구하는 것이다.

하늘은 인간의 심층에 내재한 무의식의 원천을 의미한다. 앞서 말했듯 예수가 '하늘에 맺으라'고 지속적으로 말하는 것은 당시 이스라엘 백성들이 믿는 하나님을 향한 올바른 믿음을 강조하는 말이기도 하지만 내면의 성찰과 근원적인 문제 인식의 중요성을 말하는 것이기도 하다. 이러한 논리는 예수가 자신의 십자가 처형을 예고하던 날 베드로에게 다음과 같은 말을 했던 것을 통해서도 알 수 있다.

> "내가 하늘나라 열쇠를 그대에게 주리니 그대가 무엇이든지 땅에서 맺으면 하늘에서도 맺어질 것이요, 그대가 무엇이든지 땅에서 풀면 하늘에서도 또한 풀리리라." (p.313.)

예수는 베드로에게 "하늘나라의 열쇠를 통해 무엇이든지 땅에서 맺으면 하늘에서도 맺어질 것이며 땅에서 풀면 하늘에서도 풀릴 것"이라 말한다. 하늘나라의 열쇠는 전체정신을 의미하는 것으로 무의식과 의식처럼 하늘과 땅이 밀접하게 연결되어 있다는 것을 나타내는 것이다. 이후 땅 위에서 하늘나라를 대신하는 교회는 베드로를 중심으로 일어나게 된다.[87]

이 소설에서 땅의 세계는 율법주의와 형식주의에 빠진 종교지도자들의 위선적이고 형식적인 행태와 그것에 지배되는 세계이

---

[87] 김형석, 『예수』, 이와우, 2016, p.138.

다. 그것은 세속적이고 외형적인 세계를 의미한다. 땅에서의 이러한 문제를 극복하기 위해서는 본질적인 문제를 해결하고 내면과의 관계를 새롭게 정립해야 하는 것이다. 그래서 예수는 이적으로 근본적인 변화는 이루어지지 않는다는 것을 지속적으로 이야기한다. 예수는 설교를 통해 사람들이 본질을 회복하기를 촉구한다. 현실적인 고난의 원인을 근원적인 문제에서 찾아야 한다는 것이다. 그런데 사반은 오직 외형적 문제만 해결하면 된다는 생각에서 벗어나지 못하고 예수의 말에 불복한다.

사반과 예수는 골고다 언덕의 십자가 처형대 위에서 마지막으로 만나게 된다. 사반은 실바아가 나바티야로 납치된 이후 실바아를 구출하기 위해 결전을 벌이다가 위기에 처한다. 그리하여 사반의 조직은 무너지고 이후 사반은 아굴라의 간계로 인해 하닷을 구출하려다가 덫에 걸려들어 예수와 함께 나란히 십자가에 매달리게 된 것이다.

그는 혼자 속으로 또 이렇게 중얼거렸다. 그는 지금까지 여자와 술과 무술과 여러 가지 쾌락을 누려왔던 것이 사실이다. 그러나 그 여러 가지 쾌락도 그의 깊고 큰 고뇌와 울분의 절반도 당하지 못하고 있었다는 사실을 그 자신도 잘 깨닫지 못했던 것이다. 로마인에 의하여 속박 받고 있는 모든 유대인의 아픔과 절망을, 송두리째 그는 자기 것으로 느껴야만 하는 자신의 야릇한 생리를 자신도 잘 모르고 있었던 것이다. 그러기에 그가 아무리 술과 여인으로 쾌락을 취한다 해도 그것은 그때그때 지나가는 조그만 위안에 불과했고, 그의 끝없는 아픔과 목마름은 그대로 그의 속에서 언제나 불타고 있었던 것이다. 그것이 이제 죽음 앞에 서고 나니 그 아픔과 목마름에서 놓여나는 느낌이 들었던 것이다. (p.362.)

위의 인용문은 사반이 십자가를 지고 형장에 도착하여 자신의 십자가 앞에서 자신의 심경을 고백하는 장면이다. 사반은 그동안 로마의 압제에서 벗어나기 위해 혈맹단을 결성하고 그 열망을 이루기 위해 때를 기다렸지만 결국 뜻을 이루지 못하고 죽음 앞에 서게 된 것이다. 그런데 사반은 죽음이 두렵지 않고 오히려 시원할 만큼 끝없는 아픔과 목마름에서 놓여나게 된다. 사반은 삶과 죽음의 경계선인 죽음의 문턱에서 존재론적 질문을 던지고 본연의 내면세계를 성찰하게 된 것이다. 사반은 오랫동안 까닭모를 중압감에 시달리면서도 그것이 유대나라의 독립에 대한 사명감 때문이라는 사실을 자신도 잘 모르고 있었다고 토로한다. 유대의 독립을 위하여 혈맹단을 지휘하며 로마에 항거했지만 진정한 사명감을 알지 못했다는 말이다. 사반이 까닭모를 중압감에 시달리면서도 그것이 유대나라의 독립에 대한 사명감 때문이라는 것을 몰랐다는 것은 근원적 문제에 대해 적극적으로 성찰하지 않았다는 것을 암시하는 것이다.

사반은 민족의 독립을 위해 오랜 시간 수련과 훈련을 쌓으며 때를 기다려왔고, 메시아 예수를 만났지만 예수의 설교나 가르침은 받아들이지 않았다. 예수는 근원적 변혁을 강조했다. 민족의 독립을 위한 사명은 로마인을 물리치는 일보다 근원적인 문제의 원인을 파악하고 해결해야 한다고 지속적으로 말했다. 하지만 사반은 이를 받아들이지 않았다. 사반은 예수의 메시지를 적극적으로 성찰해야만 민족의 사명을 성취할 수 있다는 것을 알지 못했던 것이다. 사반은 "모든 유대인의 아픔과 절망을 송두리째 자기 것으로 느껴야만 하는 자신의 야릇한 생리를 자신도 잘 모르고 있었다"고 토로한다. 이는 민족의 해방을 위한 "끝없는 아픔과 목마름이 언제나 불타고 있을"만큼 사명감을 지니고 있었지만 더 깊은 성찰에 이르지 못했기 때문이다.

  인간은 삶에 대한 자신의 기대와 주어진 삶의 조건이 맞지 않을 때, 혹은 자신의 의도와 노력이 삶의 결실로 이루어지지 않을 때 마음 안에서 갈등과 욕구불만 등 심리적 고통이 생겨난다. 이러한 삶의 문제나 고통의 해결은 사고의 전환이나 달리 해석하기의 훈련에서 시작되며, 이는 긍정적 자기를 찾는 길이기도 하다.[88] 사반은 죽음 앞에서 모든 유대인의 아픔과 절망을 자신의 것으로 "느껴야만 하는" 사명을 "자신도 모르고 있었던 것"을 깨닫게 된다. 지금까지 여러 가지 쾌락을 누려왔지만 그때그때 지나가는 조그만 위안에 불과할 뿐이었다는 것은 사반이 자신의 사명에 대해 좀 더 깊이 성찰하지 않았으며 끝없는 아픔과 목마름을 쾌락으로 대체하고자 했다는 것으로 볼 수 있다. 세속주의는 현세적인 것 이외에 또 다른 질서가 있다는 사실을 부정하고 객관적 사실에 근거한 것들에만 초점을 맞추는 삶의 태도이다.

---

88) 김정현, 『철학과 마음의 치유』, 책세상, 2013, pp.253-254 참조.

이러한 삶의 태도는 자아 이외에 다른 기준이 없어서 지극히 이기적인 태도로 살거나 물질과 쾌락과 안일에 대한 무절제한 추구를 지향한다. 사반의 내적 갈등은 깊은 성찰을 통해서 해결될 수 있는 일이다. 그것이 예수와의 만남을 통해서 가능할 수 있었지만 사반은 끝내 예수의 뜻을 알 수 없었던 것이다.

사반은 처형대 위에서 죽음에 직면하고 있지만 그동안의 아픔과 목마름에서 벗어나 오히려 편안해 한다. 하지만 여전히 메시아인 예수가 표적으로 권능을 행해야 한다는 생각에서는 벗어나지 못한다. 아직도 메시아는 표적을 통해 구원을 이루어야 한다는 기대와 눈에 보이는 것만이 전부라 생각하는 신념에서 벗어나지 못하는 것이다.

> "왜 표적을 보이지 않는가? 메시아의 표적을"
> "그대는 일찍이 그것을 보지 못했던가?"
> 예수는 들릴 듯 말 듯한 낮은 목소리로 간신히 이렇게 되물었다.
> "지금이 그때다! 지금은 하늘의 권능을 보여야 한다!"
> "나는 땅에 속한 일로 하늘의 권능을 시험할 수는 없다"
> "예수여, 임자는 자신과 함께 유대를 버리는가?"
> "버리는 것이 아니고 구하는 것이니라" (pp.364-365.)

예수는 사반이 십자가에서 메시아의 표적을 보여 달라는 말에 구원의 방법은 권능을 통해서가 아니라 십자가에서의 죽음을 통해서라고 말한다. 예수는 신의 권능을 소유하고 있지만 구원의 방법이 그 권능을 통해서가 아니라 인류의 죄를 대속하기 위한 순교이기에 처형당하는 것이다. 예수는 이미 자신이 십자가에 처형될 것을 여러 차례 예언했었다.

예수는 유대나라와 유대 민족의 현실을 극복하는데 가장 큰 장애가 되는 요인은 로마군이 아니라 하나님과 멀어진 유대인들의 삶이라는 근원적 문제의 원인을 일깨우며 선교 활동을 하던 중 십자가 처형을 당하게 된 것이다. 예수가 제자들에게 메시아로서의 정체성을 밝히며 순교를 암시했을 때에 예수의 제자들은 세속적 성취와 욕망을 기대했다. 이는 인간의 메시아에 대한 기대와 예수의 사명과의 상반성을 보여주는 장면이다. 예수는 메시아의 사명이 순교임를 예언하지만 제자들은 세속적인 권력이나 명예와 같은 "큰일"을 기대한다. 하지만 예수는 순교를 통해 모든 사람들이 구원에 이르는 길을 이루고자 하는 것이다.

예수는 사반을 비롯한 유대인들에게 근원적이자 본질적인 영원한 것들이 외면된 타락하고 부패한 땅에서의 삶을 회개하고 돌이키기를 촉구했다. 근원적인 변화가 이루어져야 비로소 땅에서의 타락하고 부패한 삶에서 벗어날 수 있다는 것이다. 사반과 유대인들이 타락한 이유는 조상대대로 하나님의 백성으로서의 정체성을 잃어버렸기 때문이다. 그로 인해 유대인들은 조상 때부터 이방인의 침략을 받거나 나라를 빼앗겼던 것이다. 예수는 모든 유대인들에게 현재 로마의 압제 상황은 근본적인 문제가 무엇인지를 성찰하라는 현상으로 보아야 한다고 일깨우고자 했다. 문제를 해결하려면 하나님과 멀어진 유대인들이 회개해야 한다는 것이다. 그렇지만 사반을 비롯한 모든 유대인들이 외형적인 현상에만 몰두하여 그것만을 해결하려 했다. 예수의 설교에는 관심이 없었고 다만 외부적이고 표면적인 것에 집착하여 그것을 해결해주기만을 원한 것이다.

외형적인 변화만을 통해서는 본질적인 변화에 이르지 못한다. 내면에서부터 근본적으로 변화되어야 하는 것이다. 예수는 세례자 요한을 통해 하늘의 계시를 받았던 것처럼 사반과 모든 유대인들이 자신을 통해 근원적 문제를 인식하고 이에서 돌이키기를 촉구했지만 사람들은 이를 외면한 것이다.

4. 결론

<사반의 십자가>에 나타나는 기독교 모티브는 어떤 특정 종교에 대한 신앙 여부로 다룬 것이 아니라 인간의 근원적 세계를 상징한 것으로 볼 수 있다.

김동리는 인간이 동물과 구별되는 것을 '본질과 핵심'을 찾고 구하는 존재로 보았으며 '구경적 삶'에 대해 인간이 "각자가 자신 속에 혹은 자기 자신을 통하여 영원히 새로운 신의 모습을 찾고 구하는 것"[89]이라 했는데 여기에서 '새로운 신'의 모습이란 개개인이 자기 자신 속에서 신성을 지닌 모습을 발견한다는 것이다. 따라서 예수는 사반의 신성을 나타내는 존재라 할 수 있다.

---

[89] 김동리, 「문학하는 것에 대한 사고(私考)」, 『문학과 인간』, 민음사, 1997, pp.73-74.

주지하듯 사반이 로마의 압제에서 벗어나기 위해 무력으로 세상을 개혁시키려는 외형적 변혁을 도모하는 반면 예수는 모든 유대인들의 근원적인 변화를 통해 내면적 변혁을 도모하고자 했다. 예수는 사람들이 돈과 권력이나 지위와 같은 지상의 영화를 위해 하나님을 멀리하고 온갖 부패와 타락의 길로 빠졌으며 그로 인해 고난을 겪고 있다는 것을 모든 유대인들에게 알려주고자 한 것이다. 그것은 예수가 신의 권능으로 구원을 이루려는 것이 아니라 설교와 순교를 통해 그 사명을 이루고자 하는 것으로 나타났다.

이러한 내용을 통해 사반과 예수의 관계는 외형적 세계와 근원적 세계를 상징하는 것으로 갈등과 대립을 나타내고 있는 것 같지만, 결국 근원적 문제 해결을 통한 전체적 통합을 목적으로 하고 있다는 것을 알 수 있다. 말하자면 예수는 사반의 일방향성을 일깨워서 전체적인 균형을 이루게 역할 하는 것이다. 내면적 변화를 통해 자연스럽게 외형적인 문제까지도 해결하고자 했다. 내면의 성찰을 통한 변화는 외면의 변화를 촉발시키기 때문이다.

사반은 세속적 가치에 편향된 외형적 세계를 나타내고 예수는 근원적이고 영원한 세계를 상징하는데 예수는 사반과 모든 유대인에게 현재의 문제를 근원적으로 인식하고 이에서 돌이키기를 촉구한다. 다시 말해 예수는 유대민족의 근원적인 의식의 변혁을 통해 그 핵심과 본질을 찾아 구원에 이르기를 바라는 것이다. 돈이나 권력, 명예와 같은 외형적이고 세속적 가치만을 추구하게 되면 진정한 삶의 의미를 잃어버리고 경쟁과 무한경쟁적 이윤추구에 집착하게 된다. 이러한 사회에서 인간은 물질적이고 외형적 가치의 획득을 통해 정체성을 찾고자 하는데 이때 사람들은 도구적, 편의적, 이기주의적 경향을 드러낸다.[90]

이 소설은 세속적 가치에 편향되어 있는 사반에게 예수가 근원적 문제를 일깨우며 보완해주고자 하는 긴밀한 관련이 있는 관계로 볼 수 있다. 예수는 사반에게 근원적 문제 해결의 길을 제시하고 있는 것이다. 사반에게 예수와 같이 되라는 것이 아니라 근원적 문제 해결 방법의 강구를 촉구했다.

<사반의 십자가>에서 사반은 자기 안의 신을 상징하는 예수를 만나지만 갈등하고 예수는 자기 안의 신을 의미하는 하나님과 통합하여 메시아로서 사명을 이행한다. 이러한 삶의 모습은 "각자가 자신 속에 혹 자기 자신을 통하여 영원히 새로운 신의 모습을 찾고 구하는" 삶으로서 '구경적 삶'을 추구하는 작가 의식이 나타나는 것으로 이해할 수 있다.

---

90) 제러미 리프긴, 이경남 역, 『공감의 시대』, 민음사, 2011, p.619 참조.

시인이 쓰는 자서

원체험元體驗의 되돌이표, 《울 엄마》

이희숙 · 시인, 서울교대 명예교수

1. 들어가며: 《울 엄마》가 태어나기까지

　흔히 고흐의 그림은 모두가 자화상이라고 한다. 어디 고흐뿐이랴. 모든 예술작품은 예술가 스스로의 표상성이 아니겠는가. 렘브란트는 자신의 얼굴에서 인생여정의 모티브를 찾았다. 그는 적어도 한 해에 한두 점씩 자화상을 그렸다. 자화상으로 자서전을 쓴 셈이다. 렘브란트가 생을 마감하기 전에 그린 63세 자화상은 명예, 재물, 건강, 가족 등 모든 것을 잃은 채 고달프고 실망낙담한 자신의 모습 그대로를 보여 준다. 예술가뿐이랴. 이 세상에 던져진 불완전하고 불안정한 인생은 의식하건 못하건 모두 자아를 찾아 떠나는 여정이 아닐까?

　《울 엄마》를 상재하기까지 13년이 걸렸다. 시편마다 이 모양 저 모양으로 내가 표출되어 있다. 2집 《고흐 가는 길》을 출간한 후에 도무지 시가 써지지 않았다. 지금보다는 숙성된 모습을 보여야 할 것 같은 강박 때문이었던 듯싶다. 속뜻은 그렇지만 써 놓고 보면 고만고만하기가 그대로였다. 이런 속내와 표현의 괴리 가운데 갈피를 잡지 못한 채 수년이 휘딱 흘러갔다. 정신이 들고 보니, 키가 갑자기 크는 것이 아니듯 시적 감흥이나 표현력도 쑥쑥 크는 것은 아니었다. 두 번째 시집을 묶어내고 아쉬움 못잖게 자만심 또한 컸던 모양이다. 결국 내 시도 내 그릇만큼의 자화상인 것을.

《울 엄마》를 받고 보니, 그릇도 내용물도 그 나물에 그 밥이었다. 《고호 가는 길》의 되돌이표였다. 겉표지 후면에 실린 글을 읽어보았다. 평론가 김재홍의 해설, <모천母川회귀와 자아성찰>에서 발췌편집한 내용이었다.

"이희숙의 시는 우선 고향에 대한 추억과 그리움이 지속적으로 작용한다. 더불어 모천회기로서 부모와 자식, 손자 등 가족사적 정감이 관류하고 있다. 자아에 대한 탐구와 삶에 대한 존재론적 성찰은 이로부터 출발한다. 이처럼 이희숙의 새 시집에는 자아에 대한 지속적인 탐구와 성찰이 제시됨으로써 세계의 내재화, 자아의 내면화 등 서정시의 본 모습을 잘 살리고 있다. 이로써 종교적 구원과 예술적 구원이야말로 이희숙의 삶과 시가 지향하는 궁극적인 목표이자 이데아인 것이다."

세월만 보냈지 《울 엄마》의 내용이나 지향점에 변화가 없다. 맹렬하게 집중하지 못한 것이 후회스럽고 민망했다. 마찬가지로 겉표지 후면에 실린 글을 읽어보았다. 오태환 시인의 해설, <죽간竹簡과 목독木牘으로 엮은 모국어의 점경點景들>에서 발췌한 것이다. 문학수첩 편집부가 《울 엄마》의 특징을 모국어 사랑이라는 해설에 동의해준 것이 고맙고 위로가 되었다.

시인이 쓰는 자서 – 원체험의 되돌이표, 《울 엄마》

"시집 《울 엄마》에서 무엇보다 두드러져 보이는 부분은 토박이말의 명석한 쓰임이다. 자음과 모음이 교응하고 간섭하면서 조성되는 소리맵시는 시의 의미공간 안에서 작용하여 애초에 전달하려는 의도를 능률적으로 반향한다. 이러한 시인의 미덕은 앞에서 언급했던 것처럼, 특히 식물적 상상력으로 짜인 시편에서 제대로 발휘된다. 이는 두말할 나위 없이 토박이말을 발굴하고 채집하는 그의 오랜 수고에 따른 것이다."

소녀취향에서 시를 읊조리고 나름의 앤솔로지도 엮어보곤 했다. 그러나 시인이 되려는 생각은 언감생심焉敢生心이었다. 나는 50대에 등단한 늦깎이다. 그때까지 영문학과 영어교수법을 공부하며 가르치는 일, 다시 말해 남의 나라말과 문학에 묻혀 살았다. 19세기 낭만주의 시인 워즈워스로 학위논문을 준비할 무렵이었다. 논문을 쓰기에 앞서 시를 보는 구체적인 눈썰미를 길러야겠다는 요량으로 우리시의 속살을 만져보기로 했다. 영시나 영소설을 읽을 때와는 다른 재미가 쏠쏠했다. 눈을 가리던 수건을 벗어버리고 보는 세상이었다. 우리말의 아름다움이 새삼 시원스레 보였다. 역설적이게도 시짓기 공부를 하면서 영문학이라는 대해를 건너 우리문학이라는 신대륙을 발견한 것 같았다. 그러다 보니 등단까지 넘보게 되었다.

아버지가 용기의 근원이었다. 아버지는 고랑포 우체국장으로 시작해서 체신공무원으로 정년퇴임했다. 할아버지께 배운 한문으로 틈틈이 한시를 읽고 쓰다가, 《고송한시집皐松漢詩集》 5권까지 상재했다. 아버지는 자연과 소박한 일상을 지극히 사랑했고, 그러한 정서를 5언 또는 7언 기승전결의 4행 한시에 함축적으로 담았다. 우리말 역시譯詩, 시해詩解, 시의詩意가 곁들여서 아버지의 한시집은 한글세대가 접근하기 쉬웠다. 나는 아버지의 한시에서 함축미와 두운과 각운, 역시에서 우리고장 임진강변의 엇박자 가락, 그리고 소박한 일상에 대한 사랑을 배웠다.

영문학, 특히 영시 또한 나의 시짓기에 밑거름이 되었다. 154편의 섹스피어 소네트를 비롯한 소네트에서 정형율의 가락과 두운 각운의 묘미를, 윌리암 블레이크의 시와 그림에서는 그림과 시가 상보하면서 보여주는 보이는 것 너머의 존재를 읽는 눈을, 워즈워드의 서정시와 한 권 분량의 자서전적 장시에서는 전형적인 보격과 겹박자 운율을 배웠다. 영시와 영문학사의 진수에 빠져들게 한 금아 피천득, 나의 은사 시편에서는 고귀한 단순성에 깃들인 고요한 장엄미(noble simplicity & still grandeur)와 여백의 아름다움을 배웠다. 시의 세계는 상처받고 지친 영혼에게 위로와 새 생명을 주는 구별된 공간이라는 것도 배웠다. '고귀한 단순성과 고요한 장엄미'는 빙켈만(1717~1768)이 《고대 예술사》(1764)에서 고전주의의 근거로 제시한 이래 서양예술문화의 규범이 되어왔다. 그리스 문화의 위대성은 인체와 정신이 조화롭게 통일된 지상에서 완성된, 가장 완전한 인간상인 그리스 인체조각에 있다는 것이다.

등단 2년차이던 1995년에 출간된 첫 시집 《죄짓듯 시를 지으며》는, 등단전후로 쓴 습작수준의 시를 엮은 것이다. 그때는 부끄러움을 무릅쓸 정도로 왜 그리 조급했던지. 그러고 보니 지금까지 평균 10년에 한 권씩 3권의 시집을 상재한 꼴이다. 누에가 비단실을 뽑아내듯 시상을 노래할 수 있다면 얼마나 좋으랴. 나는 쉽고 편하게 시를 쓰지 못한다. 아무리 오래 책상머리에 앉아있어도, 컴퓨터 커서가 깜박깜박 보채도, 계단을 뛰어내리는 신문배달원 발자국 소리가 아파트의 밤을 깨울 때까지 붓방아만 찧고 있을 때가 허다하다. 백 개의 산을 비우고서야 하나의 산을 쌓아올리듯이, 또는 이슬에 투각하듯 시를 쓴다. 시인으로 설익은 탓이라고 자가진단 한다.

> 모래가 운다
> 이름 하나를 완성하기 위해
> 너는 밤마다
> 산 하나를 쌓아 올리고
> 백 개의 산을 허문다
> -<명사산鳴沙山> 전문, 《울 엄마》

이슬 한방울로 만날 수 있을까

> 소망의 부싯돌 부딪쳐 보면
> 파스스 스러지는 불꽃 사이
> 내 모습 그 안을 걷고 있을까
> 어깨 감싸주던 그 산길 돌아

> ······ ······
> 삭풍 어지럽게 지나가는 숲길
> 삭정이 끝에도 걸려 넘어지는
> 허공으로 난 길
>   -<이슬에 투각透刻하다> 부분, 《고호 가는 길》

2. 《울 엄마》의 시적 모티브와 시어詩語

1) 우리 땅 토속어와 토속식물 이야기

　나의 모국어 사랑은 남의 나라 말과 문학을 공부하며 가르치느라 오랫동안 모국어를 홀대했다는 미안함에서 비롯되었다. 전공인 영시가 평생 나와 함께 가야할 길이라면 학위논문에 도전하기에 앞서, 시란 무엇인가를 알아야겠다는 생각이 들었다. 영시는 공부할수록 안개 속에 숨어드는 것만 같았다. 우선 모국어 시를 읽고 써보면서, 시의 본질을 만나고 싶었다. 시를 쓰기 위해서는 풍부한 어휘력과 적확한 쓰임, 우리말 소리의 어울림과 울림, 그리고 정확한 어법의 활용능력을 갖추어야 한다고 생각했다.

　고랑포에서 태어나 그곳에서 유년을 보냈기 때문에, 석벽과 모래사장이 어우러진 강변마을의 아우라, 토속어와 토속적인 입맛, 해뜨기 전부터 해지기까지 시시각각 그리고 철따라 변하는 자연의 빛깔에 민감했다. 엄마가 별채에서 고치를 삶고 켜서 염색하는 날엔, 색색의 고운 비단풀솜이 눈앞에서 기적처럼 꽃피는 것을 보았다. 빛깔에 대한 이런 원체험은 나를 다채로운 빛깔에 민감하게 했다. 때마다 절기마다 이웃을 초대하는 풋풋한 잔치분위기와 텃밭의 작은 소산이라도 나누는 즐거움 또한 원체험으로 체득되었다. 이러한 원체험들이 아우러져 나의 무의식 세계로 녹아들었을 것이다.

고치를 삶고 실을 켜서 명주실을 잣는다
고향집 별채는 엄마의 세상이었다

풀솜에 색색으로 물을 들이는 날
나는 팔색조가 날아갈까 봐 숨을 죽였다
그때부터 고운 빛깔을 보면 가슴이 떨렸다
아니 미칠 것만 같았다
엄마는 무지개빛깔 팔색조 같았다

앵두 자두 복숭아 중정 뒤뜰 밤나무 사이
별채불빛은 별빛처럼 아득했다
옷본도 치수도 게이지도 없이 뚝딱 옷을 만들었다
엄마는 팔색조처럼 별채 하늘을 날아다녔다
　　　　　-<엄마의 별채> 전문

겨울 해풍 속에서 자랐어요

쓰러지지 않으려고 안간힘을 썼지요
봄을 부렸어요
쑥보다 먼저 돋아야 하니까요
이른봄부터 늦봄까지
어룽진 초록잎에 짭조름한 단맛
남녘에선 정이월이면 벌써 새순을 무쳐 먹어요
살짝 데쳐 찬물에 헹구면
물속에 연한 빛 진한 빛
봄을 풀어놓은 것 같지요
두 손에 건져 자그시 눌러 짜요
초고추장에 매실액을 뿌리고
조물조물 무쳐내면
달큰한 제 맛이 나지요
양념은 여분일 뿐이에요
해풍이 양념이지요
풍을 막는다는 방풍나물
한입이면
봄 한낮도 상큼해요
― 〈방풍나물〉 전문

    우리시를 읽고 쓰면서 아름다운 우리말이 눈에 띄면 노트해 두었다. 늘 사전을 곁에 두고 뜻이 모호한 단어를 찾다가 한자가 병기되어있지 않은 토속어가 발견되는 대로 노트에 적어두었다. 우리시 사랑은 우리말 사랑이 되었고, 때로는 그렇게 발견한 토속어 하나가 시적 영감이 되기도 했다.

시인이 쓰는 자서 - 원체험의 되돌이표, 《울 엄마》

희양산 998m에 날빛이 들기 시작했다
산메아리가 울렸다
줄밑 더듬는 발소리에 전짓불을 타고
푸드득! 산꿩 몇 마리가 날아올랐다
갓밝이 는개에 소나무숲 어디쯤
망태버섯 노루궁뎅이 말굽버섯들이
깜냥깜냥 피워 올리는 아침 향내가 서늘하다
나무들이 허리를 알싸하게 씻는다
능선 양쪽 산기슭에 마을들이 묻혀 있다
멀리 검둥이 누렁이 흰둥이들이 헤식게 짖어댄다
백두대간 산주름 사이사이 아침구름이 피어오르고
어둠이 헤실바실 물러간다
전나무 숲 사이 빗살무늬 햇살이 소락소락 쏟아진다
비췻빛 이내가 숨결을 고르고
발치엔 반디나물 이슬밭

         -<희양산 갓밝이> 전문

땅끝마을 바닷가
댕기물떼새 민댕기물떼새 흰물떼새
검은가슴물떼새들이 때록때록
봄볕을 물어 나른다
알겯는 소리
모래펄 화선지에
세발나물을 부리로 치고 있다
물떼새들이 놀다 간 자리
새발자국이 하르르 움돋는다

고흥에서 막 도착한 택배상자를 받아들고
입안엔 벌써 봄냄새가 고인다
들기름에 레몬즙으로 무치면 딱이다
딴기적은 몸에도 바다빛깔이 더욱 파래지겠다
　　　　　　　-<세발나물> 전문

진초록 풀밭에 노랑들이 낭자하다

성근 겨울햇살을 포슬포슬 체로 쳤다
쳇불 가득 물기를 받쳐 내렸다
어느 손길이 흩뿌렸을까

꽃잎진 자리마다 청정십배
비천飛天 옷자락
성냥불을 하나씩 당기고 있다

첫 봄나들이
하얀 십진법으로 날아다닌다
　　　　　- 〈민들레 십진법〉 전문

2) 고향과 모성, 귀원성歸原性의 이야기

　　내 고향 고랑포는 참으로 묘하다. 내 유년의 고향은 어느 한 순간 물처럼 녹지도 않고 뻐꾹새 산조로 내 영혼에 머물러 있다. 한때 민간인의 접근이 통제되었던 민통선 안의 고향은

시인이 쓰는 자서 - 원체험의 되돌이표, 《울 엄마》

나에게 끊임없이 시적 모티브를 제공한다. 유년의 고향이 무작정 고통과 노동이 없는 이상향으로 그려지는 것은 아니다. 지뢰밭 표식과 땅굴탐지용 파이프관 머리가 곳곳에서 보이는 고향은 언제나 학처럼 외다리로 서있는 듯 위태로워 보인다.

뻐꾹 한 번에 한 뼘,
뻐꾹뻐꾹 두 번에 두 뼘씩
앞산뒷산을 물들여 가는 연둣빛 뻐꾹 시계소리
옛물 물고랑 깨우며 내 안에 강물 한줄기 흐른다

마지리 두지리 장파리 지나
파평산 감악산 휘둘러 장마루에 오르면
강 건너 백학고원 학처럼 외다리로 서본다
　　　-〈뻐꾹새의 강〉부분, 《고호 가는 길》

고랑포는 한반도에 사람이 살기 시작하면서부터 뺏고 뺏기는 요충지였다. 구석기 유물이 발굴된 것으로 보아, 임진강은 선사시대부터 한강유역과 남부지방으로 문물을 전파시키는 중간 매개지였던 것으로 보인다. 후삼국시대와 통일신라시대, 고려조와 이씨조선, 그리고 육이오 동란이 발생하기까지 금수강산의 풍요한 진면목을 보여주고 초토화되었다. 고랑포 임진강 물목은 천연적인 방어 요새다. 동란 중에는 강물 반半 시신 반이었다고 한다. 현재는 해제되었지만 민간인의 출입이 통제되었던 민통선 안에 경순왕릉이 민가와 멀리 외따로 고즈넉이 자리하고 있다. 이런 역사적 배경과 내 부모님이 영원히 회귀回歸한 고향땅 고랑포는 내안에서 언제나 아련한 그리움, 쓸쓸한 적막감, 아름다운 아픔의 뻐꾹새 산조로 일렁인다

가르마 같은 휴전선

첫 천년 사직 개성에 조아리고
백성들 몸보전 고랑포에 잠든 경순왕
참배하고 그림자 하나 어둠처럼 내려온다

베옷자락 강물에 펄럭이며 물푸레나무
물길 따라 사라져간 비사벌은 어디쯤일까
망국의 태자 한숨마다 뒤따라 내려온다

녹슨 휴전선 철조망

돌이켜 맨머리 빈손 아버지의 땅
비무장지대에 갇혀버린 고향땅
넘나드는 나비 등에 등짐 지우고

가슴에 여울지는 강물 거두면서
노을노을 저녁 들길에 그어진다
언제나

가르마 같은 군사분계선

시인이 쓰는 자서 – 원체험의 되돌이표, 《울 엄마》

－<경순왕릉 가는 길> 전문, 《고호 가는 길》
　　*신라 마지막 왕 경순왕은 전쟁의 살상에서 백성희생을 끝내기 위
　　해 사직을 고려왕에게 받치고, 스스로 부마라는 이름의 볼모가 되었
　　다.

　겸재謙齋정선의 「임진 적벽도」는 내 고향 고랑포 나루터를 중심구도로 선과 점묘로 활달하면서도 섬세하게 임진강의 정경을 전개한다. 높낮은 산들이 배수진을 펼치고 있다. 나루터 오르막 오른 쪽 길가, 석축을 둥글게 높이 쌓아올리고 그 위에 소박한 정자 한 채가 한적하다. 길을 따라 오르면 사립문이 활짝 열린 단출한 집 두어 채가 눈에 들어온다. 전면에는 너른 임진강이 흐른다. 강의 한가운데는 노를 내린 나룻배 한 척이 한가로이 떠 있다. 나루터에는 서너 척의 나룻배가 길손을 기다리고 있고, 배에서 막 내린 길손과 마주 인사를 나누는 사공, 마중 나온 듯한 당나귀와 하인, 그리고 나귀를 타고 나루터로 내려오는 나그네가 보인다. 석벽 위 왼쪽으로 멀리 사라지는 소로에는 당나귀를 타고 가는 선비와 동자가 눈에 띤다. 무엇보다 시선을 사로잡는 것은 강과 경계를 그으며 강 건너 고원을 어깨로 들어 올리며 우뚝 서있는 석벽의 기개다. 이 석벽은 임진강을 사이에 두고 이편과 저편 사이사이 흰모래 사장이 들어서며 끊길 듯 엇갈려 70리를 이어간다. 임진강의 산수적벽 장관은 수많은 묵객과 시선詩仙들을 불러들였음직하다. 목은牧隱선생은 고랑포의 8풍광을 「고호팔경皐湖八景」 사언시에 그림처럼 담아내고 있다. 고호는 내 고

향 고랑포高浪浦의 다른 이름이다.

할아버지 묘지는 경순왕릉보다 DMZ에 근접해있다. 고향에 살 때는 아버지를 따라 해마다 할아버지 생신날, 구정, 한식, 추석에 성묘를 가곤 했다. 지금은 흔적조차 찾기 어렵다.

> 해바른 무덤가에 할미꽃이 피었다
> 은회색 솜털을 집게손가락으로 가만가만 쓸어보면
> 꽃 속에서 비로드자줏빛 학교 종소리가
> 댕댕댕 울려 퍼지고
> 경기도 장단군 고랑포구를 스쳐가는
> 황토돛배 뱃전을 치던
> 그때의 물소리도 들린다
> 댓진 알싸한 담배연기를 데리고
> 호로고성 이야기 들려주던 오래된 할머니가
> 걸어오는 모습도 보인다
>
> 할아버지 산소가 있는 DMZ에 성묘 가고 싶다
> 한식날
> 찬밥 물에 말아먹고
> 엎드려 큰절하고 싶다
> 　　　　　- 《DMZ 성묘》 전문

고랑포는 육이오 민족상잔으로 완벽하게 초토화되었다. 농사를 짓는 농가들만이 고향으로 돌아와 옹기종기 부락을 이루고 있다. 올해 어머니 기일에 가보니 경순왕릉 가는 길 강가에 예

시인이 쓰는 자서 - 원체험의 되돌이표, 《울 엄마》

쁜 카페가 생겼다. 아버지의 옛 우체국은 신작로 쪽으로 석축 위에 있었고, 관사는 너른 정원을 사이에 두고 강을 내려다보는 석벽위에 있었다. 어린 기억에 우리 집 정원은 동산이 있는 소설에나 나올 법한 장원규모였다. 앵두, 복숭아, 자두, 감, 밤 등 유실수가 울창했다. 특이하게도 어느 곳에서도 볼 수없는 분홍빛에 연둣빛이 오련한 자두꽃나무 한 그루가 있었다.

> 흐리마리해진 것은 자두나무 꽃빛깔만이 아니다
> 어둑새벽에 눈 비비며 대청에 서면 언제나
> 고랑포 임진강 석벽 위 고향집이 떠오른다
> 물안개 자욱한 강물 타고 산그림자가 흘러가고
> 하늘에선 자두나무 가지가 새벽달을 노 젓고 있다
> 오르르 피어오르는 놀이궁리는 끝이 없었다
> 그네를 탈까 강아지하고 술래잡기할까
> 뒤뜰 밤나무 숲은 여전히 깜깜하고
> 오빠가 깨어나기 기다리는 시간이
> 종아리에 꽁꽁 얼어붙곤 했다
> 먹감 타고 올라가 숨어버릴까
> 찬광에 간종간종 시래기막 들추고 숨어들까
> 토광 빈 항아리 속에 숨어볼까
> 아니지 별채 잠실 누에시렁에 숨어야지
> 어스름 저녁까지 깜빡 잠들었던 적도 있었다
> 돌나물 참나물 솔나물 생울타리 뒤에 숨어볼까
> 열 손고락이 넘게 숨어들 곳을 찾아냈다
> 잠패기 오빠는 학교 갈 시간이 다 되도록 기척이 없었다

횅뎅그렁 다다미방 한가운데 혼자 있을 때면
건넛산 뻐꾸기 소리가 오소소 무서웠다
풋자두 따 먹고 배앓이를 한 적도 있었다
한나절 강 건너 백사장만 바라보다가
오빠가 미닫이문 여는 소리에
자두나무 자두꽃들이 펑! 펑! 폭죽을 쏘아 올렸다
연둣빛 오련한 분홍 자두꽃
고향 떠난 지 70여 년에
그 꽃빛깔도 흐리마리해지고
남매는 단 둘이라는 생각마저 흐리마리해지고
 -《고향집 자두꽃엔 연둣빛이 오련했다》 전문

  엄마는 명절날에 집을 공개해서 윷놀이잔치를 벌였고, 초등학교 가을소풍 하루전날엔 정원을 공개, 이웃이 모여밤따기 시합을 하도록 했다. 대처에서 시집와서 인정 많고 손재주와 카리스마 넘치던 엄마는 그렇게 고랑포에 아름다운 문화를 만들어갔다. 팔색조처럼 아름답고 팔색조처럼 재주 많던 울 엄마도 세월을 이길 수는 없었다. 남매를 둔 엄마는 4대독자 외아들이 미국에 거주하니 그리움과 기다림, 외로움으로 늙고 삭아갔다. 주말에는 우리가 엄마 집에 가거나 엄마가 우리 집에 와서 머물지만, 아버지를 여의고는 헤어지고 돌아서면 그리움에 가슴 쓰린 외로움과 적막감 가운데 홀로 여생을 보냈다. 독립심 강한 단독자로서 엄마의 운명이면서 동시에 나의 것이고, 또한 인간 모두의 운명인 것이다.

시인이 쓰는 자서 - 원체험의 되돌이표,《울 엄마》

아흔 어머니 홀로 뜨는 저녁술
사이 사이 아기별이 반짝 빛난다
쓴 나물 외로움의 가시풀들이
오늘은 내 몫이다
　　　　　-<어머니> 전문, 《고호 가는 길》

　엄마는 한 살 두 살 나이를 빼먹어버리고 세상물정도 다 내려놓고, 두 살배기 떼쟁이 엄마계집애이다가 갓 태어난 아기이다가 초신성 아기별로 귀원歸元했다. 엄마는 작년 5월 5일 102세를 두 달 앞두고 본향으로 돌아갔다.

　　　…… ……
　혼자 TV 보다 잠든 엄마의 얼굴을 내려본다
　주름과 주름이 해맑게
　떠올랐다가는 가라앉는다
　한 살 두 살 나이를 빼먹어 버리고
　이젠 두 살배기 떼쟁이
　엄마 계집애
　조금 더 쓸쓸해지자고
　바람이 지나간다 저녁 7시 둑방길
　아카시아 꽃비가 자지러지게 떨어진다
　노을 속에 오련히 날아오르는
　해오라기 한 마리
　모퉁이 마른 갈대가 쓰러진다

밤하늘을 가르며
유성이 떨어진 자리
문득

엄마가 있다
  -<울 엄마> 전문

할머니와 엄마는 고향집 정원에 과실수 외에도 꽃밭, 채소밭, 그리고 정원 한쪽 구별된 곳에 산나물밭까지 가꾸었다. 나물의 맛깔, 살강살강 씹히는 식감과 음향, 나물마다 지닌 특유의 향기 또한 원체험으로 내안에 내장되어 있다. 오빠가 학교가고 나면 나무와 나물들에게 이야기를 걸며 이 너른 집 정원에서 혼자 놀아야 했다. 지금도 산책 길가나 들판, 깊은 계곡에서 익숙한 나물들이 나에게 말을 걸기도 하고 내가 이야기를 하기도 한다.

…… ……
시나브로 양달 한끝에 햇볕이 서리고
봉긋봉긋 쬐끄만 지진을 일으키더니
뿌리가 불끈 힘을 쓴다
봉놋방 여기저기 싹들이 뒤척인다
아뿔싸!
우산살을 채 펴기도 전에
토끼가 비 한 번 피하기도 전에
나도 몰래 대궁 한 모슴 꺾어 들었다
매콤 쌉싸래한 우산나물 쌈밥 냄새

시인이 쓰는 자서 – 원체험의 되돌이표, 《울 엄마》

그래, 이 맛이야
서두르는 발길이 허공을 마구 밟는다
      - 〈대청우산나물〉 부분

…… ……
아린 芽鱗 틈새를 벌려가며
속눈썹 투명한 실눈을 뜨려한다
청명淸明
부지깽이를 거꾸로 꽂아도 싹이 난대더니!
산수유는 지려하고 개나리 진달래 민들레는 지천이다
나는 자꾸 몸이 달았다
벌써 씨를 뿌렸는데 고수는 기척이 없다
세발나물 돌나물물김치 도다리쑥국 냉이무침
방풍나물 참나물 돌미나리냉국꺼정
봄도 끝물들 무렵
고수나물 대신 고수향 코카콜라를 찾았다
여름 타는 아이 고수련에 이골이 난 엄마는
텃밭에 고수씨를 뿌렸다
싹이 오르면 솎아서 상에 올렸다
새곰 쌉살 달달 짙은 향의 고수나물
웃자라면 줄기는 향신채로, 열매는 약재로
성질이 따뜻하니 이열치열한다고 사철 먹였다
고수나물은 엄마 손맛이다
고수나물을 먹으면
고향하늘이 보인다
    -<고수나물> 부분

*엄마는 내가 이시를 쓴 지 한 달 지나 2016년 5월 5일에 곱게 소천했다.

3) 세상에서 읽은 이야기

산천초목이나 작은 일상, 그리고 늘 같이 있는 가족이 느닷없이 낯선 얼굴로 이야기를 걸어올 때가 있다. 생생한 이야기 오가는 사이에 느끼는 대상과의 일체감, 경이, 깨달음의 기쁨은 표현할 수 없을 정도로 막강하다. 일상과 구별되는 그런 도드라진 순간을 오려서 마음에 간직해두고, 고독한 순간마다 소환해서 맛보며 누리고 싶다. 나의 그런 바램이 시라는 결정체로 만들어 지기도 한다.

자주 가는 막국수집 한쪽 벽은 메밀꽃이 흐드러지게 핀 산비알 사진을 실크스크린으로 인쇄한 도배지로 장식되어있다. 메밀꽃 흐드러진 벽을 마주하고 주문한 먹거리를 기다리고 있었다. 메밀꽃밭에 바람이 살랑이더니 메밀꽃 짤랑짤랑 바람에 울리는 신비알을 허생원 조선달 동이가 걸어 내려온다.

  서래마을 늦은 오후가 창문을 갸웃거린다
  앞산마루에서 구름그늘이 따사롭다
  낮곁 잠에 겨운 남편을 깨워 소를 타러 갔다
  순환도로 분수다리를 건너자
  우면산 오솔길이 마중 나온다

아카시아 꽃송이서껀 아그배나무 연분홍서껀
앞서거니 뒤서거니 자그락거렸다
우면산 옆구리를 연방 걸어차며 길을 재촉했다
막걸리 한 사발에 메밀전병이랑 막국수
평상에 앉아 땀을 식히는데, 문득
솜솜 얼금뱅이 허 생원과 나귀고삐를 잡아끄는 조 선달
천생 솔봉이인 동이가
꽃비린내 낭자한
산비알 메밀꽃 사잇길을 내려오고 있다
달빛에 절인 소금향내로
메밀꽃 하양 어지럼증을 가라앉히는데
왼손잡이 메밀꽃들이 짤랑짤랑 솔발을 흔든다
메밀꽃 필 무렵에서 빠져나와도
여전히 메밀꽃 필 무렵
노을을 따라 마시는 막걸리 사발에
남편 얼굴이 아득하다
　　　　　- 〈우면동 봉평막국수〉 전문

　번거로운 일을 미루다가 우울해지거나 까닭 없이 외롭고 지칠 때, 메밀꽃 필 무렵 왁자지껄 비탈길을 내려오는 생동감 넘치는 이들을 다시 만날 수 있다면, 겨울새벽녘 산책길에 퍼지던 아침햇살처럼 시나브로 가슴속 깊숙이 덥혀 줄 것이다. 고향이 그렇고 유년의 때가 그렇고 엄마생각이 그렇다.

　…… ……
　보릿고개 춘궁기에는 이팝나무로 눈요기를 한다

마른 산비알을 기어오르다가 가시에 찔리고
너설에 찢기며 가죽나무 순을 딴다
살짝 데쳐 채반에 널어놓고
되직하니 풀을 쑨다
갖은양념으로 버무린 양념풀을 입혀서
꾸둑꾸둑 마르면 석쇠에다 구워 먹는다
누릿한 가죽 씹는 맛깔
불고기 굽는 냄새
입안에 군침이 돈다
　　　　　-<가죽나물구이>부분

반포 인공섬 하늘에 노을이 낭자했다
해바라기꽃밭에도
이 무슨 일?
우향우! 해바라기란 해바라기가
서녘 해를 등지고 잠수교를 향해 돌아섰다
귀신고래 닮은 저 대교가 수상하다
잠수 몇 번으로 한강물을 붉게 물들이더니
교각마다 인공 햇덩이 하나씩 안고 있다
　　　　　-<해바라기의 반란> 부분

　또는 가까운 공원이나 한강둔치를 산책하다가, 또는 신문이나 TV에서 만난 사람 이야기가 시상을 자극하기도 한다. 고만고만한 을乙들에게서 울려오는 애잔한 이야기. 그런 이야기들을 바라보다가 공명하다가 밝아지다가 나의 이야기로 재구성된다.

시인이 쓰는 자서 - 원체험의 되돌이표, 《울 엄마》

어제까지만 해도 파랗던 하늘이
무지근하게 내려앉았다
어떤 뒤통수가 재를 뿌리고 방문을 나선다
되겠어? 내려와 농사나 거들지
목소리가 나가지 못하고 목청에 걸렸다
몇 날 며칠 방안에 박혀 입도 떼보지 못했다
사막의 와디처럼 목구멍이 말라붙었다
숨 한번 크게 쉬지 못한 쪽문이 희부연 먼지를 비친다
발을 뻗으면 두 다리가 벽을 걷어차는 쪽방
방안 가득 책이 나동그라져 있다
건망증에 걸린 책들이 스멀스멀 기어다닌다
스물아홉에 취업준비 3년차
놓고 간 돈 몇 푼이 노랑 잿빛이다
쟁쟁 울리던 소리가 귓바퀴를 맴돈다
젊은 모험심이 희아리 들었다
　　　　　- 〈하늘이 노랗다〉 전문

벽담집에서 소주랑 꼬막이랑 까먹은 밤에는 오방색 쌈지에 뭔가 굴러들어올 것만 같다
헐렁한 인사동 쌈짓길을 걷다 보면 마음이 도독해진다 쌍 갈랫길 지나, 가선 진 쌍까풀눈의
색소폰소리 지나, 전자기타에 하드록 노래도 지나자 문득 포도나뭇집 생각이 났다 들를까
망설이다가 만났다 늦은 겨울밤에 쌍그런 샹송을
화강암 의자에 엉덩이를 걸쳤다 통기타를 춥게 감싸 안고 줄을 탄다 강아지 같은 소형

앰프가 눈치껏 따라 간다 관객이 없어도 좋았다 희끗한 머
리로 <사랑의 찬가>를 열창하고
있다 모자에 쌈짓돈을 넣고 가는 행인에게 우리는 꼬박꼬
박 고맙다고 인사를 했다 하나둘
늘었다 주는 사람들과 말을 섞기도 했다 마지막 수녀님마
저 자리를 뜨자 언제 거두느냐고
운을 뗐다 맥주 하러 가자고

…… ……

-<인사동 쌈짓길에서>부분

최근 2,3년 사이에 엄마를 영원히 고향에 모신 일을 비롯, 주위에 많은 벗들이 내 곁을 떠났다. 끝까지 같은 길을 걸어가면서 아름답게 늙어가겠지 믿었던 친구들이 갑자기 떠나버릴 때의 쓸쓸한 무력감과 배신감. 무한하고 단단해 보이던 시간의 벽이 한 순간에 무너져 내리는 것만 같았다. 달을 보다가도 인생 백년이나 하루살이 하루가 같다는 사실에 뭉클해지고 생명을 가진 모든 존재에게 연민을 느끼게 되었다.

…… ……
모래내 모래에 묻혀 사는 모래무지는
새로 빨아 풀 먹인 홑청을 감고 구르듯이
달빛에 몇 번이나 자지러들까

모래알처럼 많은 달
모래내 모래무지는

시인이 쓰는 자서 – 원체험의 되돌이표, 《울 엄마》

                    －<모래내 모래무지의 달> 부분

　　…… ……
　　지가 왜 상복차림이야! 어깃장이 불끈거렸다
　　나한테 난생 처음 큰절 두 번 받아 좋겠다
　　이제부턴 아무데서고
　　저 환한 얼굴을 보겠구나
　　이 교수 왔어? 음성도 들리겠구나
　　아무리 눙쳐 보려 애써도
　　얼굴표정은 펴지지 않는다
　　분은 삭지 않고 더러더러 빼먹은 모임이
　　명치에 걸리는데 소주잔을 자꾸 기울인다
　　따끈한 국물이 목줄기를 타고 잘도 내려간다
　　여기 남겨진 우리들 차례로 보낼 일이 두려워서일까
　　검은 그들 사이에 안치된 검은 얼음조각처럼
　　나는 자꾸만 흘러내리고 있었다
　　　　　　　　　　　－〈어떤 상복喪服〉 부분

4) 명화名畵에서 읽은 이야기

　고대그리스 적에 한 도공의 딸이 화톳불에 벽면에 드리워진 남자친구의 그림자 윤곽선을 그린 실루엣이 회화의 시작이라고 한다. 아버지 도공은 출전하는 남자친구의 부재를 애절하는 딸을 위해 진흙을 던져 실루엣을 채워주었다고 한다. 이것이 조각의 출발이라는 것이다. 예술은 이처럼 실재성을 향한, 실재와 등가적 이미지를 재현하려는 데서 비롯되었다. 디테일 없는 실루엣이 본질, 즉 이데아에 더 가까울 수도 있을 것이다.

죽은 듯 놓여있는 도자기 몇 점에 떨어지는 빛만으로도 편만한 신의 은총을 그려내는 감수성과 깨달음이 정말 부럽다. 시인 키츠(Keats)는 <그리스 항아리에 부쳐>라는 시에서 "들리는 음악은 아름답다 그러나 들리지 않는 음악은 더 아름답다"고 노래했다. 도자기에 그려진 그림에서 한 나라의 역사와 신화, 그리고 제의식의 이야기와 음악까지도 들을 수 있었던 것이다.

고향에 대한 원체험은, 풍경화 앞에서 온갖 자연의 소리가 들리면서 생동하는 우주의 기운이 나에게 전이되는 충만감을 느끼게 한다. 잭슨 폴록의 추상표현주의 그림 앞에서 우주의 운율이 들리는 듯하던 바닷가 체험을 떠올리기도 했다.

…… ……
산 그림자가 모래밭으로 내려왔다
어느새 바다와 한 몸이다
땅거미가 모래밭을 기어갔다
꼬막 고동 소라게 모시조개
어린 게가 새순처럼 돋아났다
라벤더 안개
잭슨 폴록이 함부로
우툴두툴한 선율을 뿌려대듯이
모래사장 가득 번져나갔다

시인이 쓰는 자서 – 원체험의 되돌이표, 《울 엄마》

모래톱 너머 바다 물 하늘 별빛의
산란
<소난지도 -잭슨 폴록 · <라벤더 안개>> 부분

정태적인 한 컷의 상황과 그 배경에서 역동성과 무한한 침묵을 동시에 경험하기도 한다. 고흐는 신발을 여러 켤레 그렸다. 자신의 신발도 그리고 노동자, 특히 농부의 신발을 즐겨 그렸다. 하루의 노역이 끝나고 벗어놓은 신발, 아니 그 신을 신은 사람이 살아온 신산스러운 일생을 대변하는 듯하다. 그런가 하면 꿈틀꿈틀 살아 움직이는 고흐의 그림들에서 시베리아에서부터 론강을 타고 지중해로 내려오면서 화판을 뒤집어엎고 모래를 뿌려대는 강풍 미스트랄이 보인다.

흙냄새가 뒤틀린 구두 한 켤레
어디에 짐을 부렸을까
등을 서로에게 기대고
끈을 풀어헤쳤다
왼쪽 신발은 좋았던 날들을 기억하나 보다
마을축제 혼삿날 추수감사절
왼발, 왼발 구르던 스텝
쇠스랑 부딪는 소리
반의 반 박자 뒤처진 오른쪽
굵게 패인 노동이 허리춤까지 흘러내렸다
종아리 동맥이 비틀거리고
발가락 뼈마디 꺾는 소리

우물 속 머구리 아우성이 들린다
　　　　　-<고호 · 노동자 신발> 전문

파도치는 바람귀
한 달 보름 편두통을 앓았다
덧창의 돌쩌귀를 뜯어내고
징두릿돌을 무너뜨렸다
시베리아로 달려가 날을 벼렸다
청무 자르듯 산허리를 베며 돌아오는
시속 180km 론강 골짜기
별이 빛나는 밤, 저녁의 카페
이젤을 뒤엎고 모래를 뿌려대는 미스트랄
승냥이도 독수리도 황소도 날려버렸다
들이닥칠 폭풍닭달에 숨죽인 라 크로 평야 밀밭
비틀거리는 소나무뿌리
1888년 겨울 고흐의 자화상
셍 레미 언덕 열한 그루의 올리브 나무
사이프러스 나무가 악몽같이 타올랐다
열네 송이의 해바라기
바람바라기
　　　　　-<어떤 미스트랄-고흐의 붓결에 부쳐> 전문

　좌대위에 웅크린 살덩이에서 코끼리 코처럼 처져 내린 입이 전부인 얼굴. 그 얼굴과 입에서 인류 최대의 고통인 십자가 고통이 표출되고 있다. 프랜시스 베이컨은 어디에도 십자가를 그려 넣지 않았지만 그림은 그 상징성을 울부짖고 있다.

시인이 쓰는 자서 – 원체험의 되돌이표,《울 엄마》

…… ……
짓눌려 뭉그러진 살덩이가
좌대 위에 기념비처럼 있다
불거져 올라간 어깨사이 웅크린 등짝에서
코끼리 코를 닮은 목줄기가 45°로 처져있다
절규하는 입이 전부인 얼굴이 빤히 쳐다본다
이사이로 터져 나오는 비명
내 시선에 자석처럼 달라붙었다
공진共振의 공포!
내 늑골에 못을 박는다
생살을 찌르고 쑤시고 으깨고 저민다
진액과 흰피톨과 붉은피톨이 얼마나 빠져 나갔을까
피가 화판에 뜨겁게 스며들었다
능소화의 배경들
회색 살덩이를 들어 올린다

못을 치던 자들은 어디에 있나
못 박힌 두 손과 두 발이 보이지 않는다
십자가도 보이지 않는다
살덩이의 절규가 내 살을 꿰뚫고 들어온다
엘리 엘리 라마 사박다니
…… …… (위치 안쪽)

-<고백 -프란시스 베이컨의 삼면화: <그리스도의 십자가 처형도
를 위한 세 개의 습작>1944> 부분

화가들은 사물이 보이는 그대로를 생생하게 재현하거나, 사물의 외관을 꿰뚫고 만나는 본질을 이미지화해서 표현한다. 나는 그들이 투철한 관찰력 내지 통찰력으로 보고 느낀 것을 표현하는 응집력이 부럽다. 그들의 안목과 안광을 신뢰한다. 세잔은 삼라만상의 본상을 구와 원뿔과 원통으로 파악했다. 사과 한 알에 우주와 우주질서를 다 담아내려했다. "사과 하나로 파리를 놀라게 하겠다."는 말을 남기고 세잔은 인상주의가 판을 치던 파리화단을 떠나 낙향했다. 그는 오로지 화업畵業에만 몰두했다.

      …… ……
      청춘은 푸른 사과를 기다려주지 않았다
      꼬장꼬장 등이 굽은 사내
      소나무가 얼비치는 희부연 창문 안에서
      밤새 화판과 맞서있다
      사과는 밤새도록 올랑올랑 잡히지 않고
      아침놀은 안개를 털어내고 새벽을 깨우고 있다
      물감칼로 밀어붙인 빛깔들
      진동한동 제자리를 찾다가 엎질러진다
      사과가 문득 말을 걸어온다
      사과 한 알이 파랗게 열린다
      사과 속으로 걸어 들어가
      사과가 돼버린 사내
          -<세잔의 푸른 사과>부분

버지니아 울프는 세잔의 그림 21점을 런던 전시회에서 관람한 소감을 이렇게 말했다. "여섯 개의 사과로 표현하지 못할 것이 무엇이 있겠는가? 각각의 사과들 사이에는 관계가 있고, 색채와 양감이 있다. 오래도록 바라보면 바라볼수록 사과들은 더 붉어지고 둥글어지고 녹색이 짙어지며 점점 무거워진다……물감의 색깔이 우리에게 도전해오는 것 같고, 우리 내부의 신경을 건드리며, 자극시키고, 흥분시켜서……마침내 자신의 내부에 존재하는 지조차 몰랐던 단어들을 떠오르게 하고, 이전에는 텅 비었을 뿐 아무것도 없던 곳에서 형태를 자각하도록 한다."

바로 이것이다. 내게 감동을 주는 그림을 만나는 순간, 나의 신경은 가볍게 흥분한다. 때로는 흥분이 점증하면서 낯선 단어들이 입에서 맴돌기도 한다. 화폭의 사물 관계가 새롭게 보이고, 새로운 형태와 새로운 이야기로 재구성되면서 새 생명, 새 이미지가 눈에 선하게 보인다. 그림이 나에게 말을 걸어오고, 내게서 시가 만들어지는 순간이다.

3. 나가면서 : 나는 왜 시를 쓰나

내가 태어난 고향 산천, 세상에 태어나 처음 만난 사람들, 마음을 움직이게 하는 그림과의 첫 경험 등의 원체험이 마음속에서 동심원을 그리면서 퍼져나간다. 그런 순간의 나의 정서와 오감에 각인된 인상들이 서서히 마음속에 침잠된다. 때로는 흩어졌다 모였다를 반복하다가 새로운 경험을 만나서 낯선 이미지로 재구성되기도 한다. 결국 마음속에 갈앉은 생각들이 나를 다독이며 만들어온 것이 아닐까. 그런 순간들의 정서와 인상을 소환해서 감성의 예각에 날을 벼르기도 하고, 되짚어 스스로를 성찰하기도 한다. 때로는 새롭게 흥분하기도 하고 또 때로는 위로를 받기도 한다. 이렇게 만들어진 시편들은 귀원성歸原性의 되돌이표 같은 인상을 나에게 준다. 반가움, 아름다움, 따듯함, 놀라움, 외경심, 그리고 아픔과 쓸쓸함과 애잔함 등 고만고만한 정서가 늘 서려있다.

죄짓듯 시를 지으며 시를 산다는 것은 고독이 주는 축복을 누리는 구별된 시간을 갖는다는 의미일 것이다. 나에겐 고통이 수반하는 축복이기도 하다. 감동과 축복을 지인들과 나누면 세상이 조금은 밝아질 것도 같다. 세상이 우울해 보이면 내 마음을 들여다본다. 그리고 다시 귀원성의 되돌이표를 찾아 품는다. 복어가 회귀하는 임진강은 또한 내가 돌아가야 할 모천母川이다. 치어稚魚가 성어成魚가 되어 돌아가는 일회적 회귀의 장소로서 공간적인 의미만 가지는 것이 아니다. 임진강은 나의 유년의 강으로 언제나 유년으로 돌아갈 수 있는 구별된 시간의 의미를 가진다. 내가 나의 되돌이표를 부끄러워하지 않는 이유이다.

세상모르는 아이처럼 시를 짓고 비교적 마음에 드는 시들이 모이면 엮어서 상재한다. 연하장을 돌리 듯 시집을 지인들에게 보낸다. 자신의 기쁨인양 기뻐해주고 때로는 따듯한 칭찬 한마디 주고받는다. 고맙게도 문학수첩에서 시인선으로 두 번이나 시집

시인이 쓰는 자서 – 원체험의 되돌이표, 《울 엄마》

을 내주었다. 시집을 받은 누구는 시를 읽고 위로를 받았다고 하고, 누구는 그렇게 많은 나무와 나물이 있었느냐고 놀라워한다. 또 누구는 우리말에 그런 말도 있냐고 놀라워한다. 또 누구는 사전 들고 말공부 많이 했다고 고마워한다. 고마운 사람들과 어울려 아름다운 동산에서 따듯한 한때를 누리는 기분이다.

      이팝나무 꽃이 고봉으로 피었다
      국수나무 국숫발은 낭창낭창
      찔레꽃 나무순이 풋풋하다
      메꽃 새하얀 뿌리는 달큰
      월계수 계피향
      칠손이 떫은맛
      생강나무 새앙물 냄새
      풀 주제에 싸리나무라고
      연기하는 광대싸리
      나도 밤이라고 우기니 너도밤나무
      산뽕나무 오디까지 오돌토돌 숨어서 빼곡하다
      유모차도 전동휠체어도 맘 놓고 굴러간다
      5월 무장애無障礙 안산자락길
      막무가내로 붐빈다
                                   <안산자락길> 전문

      …… ……
      갈참나무에선 딱따구리 돌림 선소리
      따닥 따닥 따닥 따닥 빠그르르 따악 때그르르
      금잔디 밭에선 멧토끼들 지네끼리 쫓고 달리다가

부르면 조심조심 다가온다
개똥지빠귀도 텃새로 눌러 앉아
양달 같은 소리로 겨울 공원을 지킨다
겨울엔 사람들과 따듯한 공동체가 된다
서울하늘 떠나버린 미리내까지 돌아왔다
간밤에 몽마르트르공원 풀섶 따라 무서리가
미리내 길을 열어놓았다
　　　- 〈서래마을 몽마르뜨르공원, 겨울〉 부분

호랑지빠귀 울며 떠난 산수유
올 우수雨水 첫 놀빛이 푸르게 움튼다
목련꽃 가지에 젖멍울 서는 밤
목련 꽃송이들이 브래지어 끈을 풀고 이슬을 받는다
제비꽃 벚꽃 매발톱 조팝나무 괭이눈 노루귀 수수꽃다리
꽃다지 냉이 앵초 이팝나무 쇠별꽃 매화 할미꽃 히어리
끼어들기에다 속도위반까지 온통 다투며 난장판이다
꽃, 꽃, 꽃의 파랑 타고 오는 어질머리
창문에 빗장을 질러도 북새통이다
내 허리춤에도 앙바틈한 꽃눈 잎눈
내 몸을 뚫고 뿌리를 내린다
　　　　<부암동浮岩洞 어질머리> 부분

　동인도 문단도 나에겐 남의 나라 얘기다. 시인협회나 문인협회를 기웃거려본 적도 없다. 어떤 종류의 문학상이 있는지 누가 상을 탔는지 모르니 욕심도 목표도 없다. 무작정 사물이 말을 걸어

시인이 쓰는 자서 – 원체험의 되돌이표, 《울 엄마》

올 때, 그 이야기를 시상詩想으로 붙잡아 어렵사리 이미지화한다. 그러면서 스스로를 행복한 시인이라고 여긴다. 그렇게 생각할 수 있도록 등단해둔 것만은 나에게 고맙고 심사를 해준 분들에게 감사한다. 경쟁도 실망도 절망도 그보다 더 무서운 조급증도 없다. 쓰고 싶을 때 쓰고 써지지 않을 때는 다른 시인의 시를 읽거나 갤러리를 순회하고 여행을 하면서 헛것에 해찰이나 한다. 한 인간으로서나 시인으로서 해찰이 나의 주특기인 것 같다.

안동 헛제사밥을 너무 많이 먹었나 싶다
시냇가 너럭바위에 앉아 발을 담그고 있는데
안다리걸기에 이단옆차기?
배속이 막무가내로 헛발질이다
부글부글 들끓는 속을 달래며
풀숲으로 숨어들었다
산수국이 모닥모닥 헛꽃을 밀어올리고
달맞이꽃 씨앗 터트리는 소리
엉거주춤한 고요 속에 나도 엉거주춤
자세가 잡히지 않는다
산비알엔 곤드레랑 지칭개랑 가시엉경퀴가
푸네기끼리 제법 꽃보라 집성촌을 이루고 있다
저도 부쳐지내는 주제에 도도록한 구와꼬리풀이
손사래를 살긋거린다
배롱나무꽃은 석 달 열흘
숨어서 고샅고샅 밝힌다
다 글렀다, 그만 저린 오금을 펴려는데

헛일에 물초되지 말고 어서 건너오라고
하회마을이 연꽃처럼 피어오른다
　　　　<하회마을의 용변> 전문

그러다 때가 차면 다시 붓을 잡고, 또 때가 차면 그간의 시를 취사선택, 선별해서 시집을 꾸려낼 것이다. 나는 그렇게 시를 쓰고 또 시인들의 시를 읽는 일로 내 시간을 탕진한다. 그러나 내 속에선 절대에 이르고 싶다는 생각이 오래전부터 둥지를 틀고 있다. 오르한 파묵은 "시인은 신이 말을 거는 사람"이라고 했다. 그동안 나는 해찰이나 하면서 너무 분주했다. 내게 말을 걸 시간을 신에게 도무지 내드리지 못했다. 그러다 병상에 누워서야 세미한 빛과 음성을 틈새로 만났다.

등을 대고 누운 바닥이 칠성판 같았다 오른쪽 대퇴부가 고장났다 허리를 펴고 설 수도 걸을 수도 없었다 X-Ray의 네거티브로 인화되는 일흔 해의 우울한 이력서 몸이 전하는 쓸쓸한 안부를 귀로 듣지 않고 눈으로 본다 한 생애보다 깊은 어둠이 대퇴골 부근 척추디스크 틈으로 고즈넉이 좌초되어 있다 능선마다 적설이 하얗게 서려 있다 문득 야곱의 환도뼈를 내리치신 당신의 손길이 등줄기에 뜨겁다

안나푸르나 골짜기를 타고
올라가 다시 몰아쉬는 숨결
히말라야 만년설, 또는
눈 시리도록 정결한

　　　　　　시인이 쓰는 자서 – 원체험의 되돌이표, 《울 엄마》

장엄한 고요
- 〈어떤 평화〉 전문

절대에 이르고 싶다. 흔들리지 않는 일체의 인간적인 불확실성에서 벗어나서, 오직 신의 음성을 듣고 옮겨 적을 수 있는 투명한 귀가 열리기를 소망해 본다. 모두가 듣고, 찢어진 상처를 어루만지고 감싸주는 손길을 피부에 느낄 수 있는 그런 시를 노래하고 싶다. 이젠 치유의 노래로 세상과 소통하고 싶다. 그래서 다시 시작이다.

천충天蟲이 하늘에서 내려왔다
서리서리 서기 서린 서래마을
누에농사를 치며 비단길을 열었다

호랑이가 길목을 지켰다던 마뉘꼴 고갯마루
산마루 돌을 뜨고 마루턱을 벌려놓았다
적심을 쌓아 올리고 드러난 반포대로
우면산 터널을 뚫고 잠수교를 달린다

다섯 번 허물을 벗고
꿈틀꿈틀 누에가 기어간다
동서로 나뉜 서리풀에
와불臥佛 누에다리

토끼 까투리 오색딱따구리 지빠귀

콩새 멧새 다람쥐 청설모가 모여 산다
몽마르트 공원 건너 서리풀 생태공원
밤새 어둠을 사르는
아름다운 실화失火
　　　　<누에다리 비단길> 전문

전국대학문예창작학회에서 원고 청탁을 받았다. 자신의 얘기를 한다는 것이 많이 쑥스러웠다. 주저하는 마음이었지만, 나의 경험이 문학예술을 시작하려는 젊은이들에게 작은 보탬이라도 될까 하는 마음에서 이 글을 시작했다. 스스로 시작과정을 정리해 볼 기회를 가진 것에 감사한다.(*)

치유글쓰기 이론과 실제

−21세기시인학교 시 창작과정을 중심으로−

김성구 · 시인, 국제문학 발행인

1. 치유글쓰기를 위한 마인드월드테라피 이해

시작하는 말

글쓰기를 시작하는 사람들이 망설이는 것은 무엇인가? 그 중 한 가지가 '무엇을 쓸 것인가?', '잘 써야 한다'는 것이다. 노트를 펴고 쓰기를 시작했지만 서너 장을 넘기고 나면 더 이상 쓸 소재를 못 찾아 포기하게 된다. 또한 자기가 써 놓은 글이 마음에 안 들어서 소질이 없다고 생각하게 된다. 이러한 문제를 해결할 방법이 있다. 누구나 시인이 되고 수필가가 될 수 있는 내면의 소질을 꺼내기만 하면 가슴이 뛰는 글을 쓸 수 있게 되는 치유글쓰기를 시작해보자.

1) "마인드월드테라피"(Mind World Therapy & Mind Write Therapy)란 무엇인가?

마인드월드 테라피는 이 시대의 정신건강을 담당할 많은 문학치료사들을 위해 아주 쉽게 상담자와 내담자의 거리를 좁혀 갈 수 있는 새로운 방법이라고 할 수 있다. 마인드맵 핑을 할 때 중심이미지, 주가지와 잔가지를 그려가며 핵심이미지를 찾아가는 것처럼 한 사람의 인생을 나무로 표현하고, 인생길 위의 머물렀던 집들로 표현하며 치유의 방법을 찾아가는 것이다.

마인드월드는 한마디로 한 사람 인생의 내면을 여행하는 과정을 말한다. 마인드월드테라피는 한 사람의 인생의 전체를 여행하면서 잘못된 상처를 찾아 치유하고, 가로막고 있는 장애물을 제거하면서 아름다운 마인드월드를 건설해 가는 과정이다.

마인드월드테라피에는 M.S.H와 M.T 기법이 있다.

1) 마인드 스토리 하우스 (M.S.H)

우리가 마인드월드에 여행할 때 내면세계의 자아와 현실의 자아가 만나 화해할 것과 용서할 것을 찾아내 서로 하나가 되므로 미래에 대한 희망을 꿈꾸고, 미개척지역까지 발견하게 되며, 결국 글 쓰는 자신의 비전을 세우고, 일평생 행복한 인생을 살아갈 베이스캠프를 건설하게 된다.

이것을 가리켜 마인드 스토리 하우스라고 명명한다.

마인드 스토리 하우스를 건설하기 위해서는 크고 작은 도로들을 만들어야한다.

그러기 위해서는 도시나 촌락을 형성하게 된다.

이렇게 만들어진 길에 도로표지판을 세운다.

이 도로표지판을 만들기 위해서는 그림을 그려야 한다. 이미지를 나타내는 것이다.

지도에도 기호가 있듯이 자기만의 기호를 만들어 그려 넣는다. 그러나 일정한 규정이 없으면 그려놓고도 알 수 없게 된다.

마인드하우스에 입주하기는 그 속에서 사는 사람을 의미한다. 가족이기도 하고 친구이기도하고 자신이기도 하면서 여러 가지 문제를 해결하는 중요한 단계일 것이다.

이제부터 이곳에서 일어나는 이야기를 만들자.

이야기를 찾아내고 구성하고 기록하고 발표하면서 이야기치료로 들어간다. 또한 시와 동화를 찾아서 여행하다보면 그 속에서 내적치유가 일어나게 된다. 부담 없이 편안한 노래를 부르면서 자기만의 리듬을 찾아 영적인 세계로 여행을 한다.

책을 읽으면서 독서를 통해 이야기를 찾아내고, 책에서 작가가 추구하는 마인드월드를 그린다.

2) 마인드 트리(M.T)

마인드트리는 사람의 심리 속에 있는 상황나무를 만드는 것이다.

중심 이미지를 나무로 그리고 그 뿌리들을 그려가는 과정이다. 나무에는 현실의 열매들을 그려 넣는다. 그 열매들이 어떤 상황에서 그리 변해 갔는지를 찾아가는 과정이다.

여기에서는 중심이미지와 중심주제에 주가지 뿌리는 세 가지로 나눕니다. 과거, 현재, 미래로 나누어 전개해 나간다.

(1) 과거: 과거는 엄마의 태교, 유아시절, 취학 전, 초등학교, 중학교, 고등학교, 대학교, 직장생활, 친구, 애인, 결혼 등의 주제어로 살펴볼 볼 수 있다.

(2) 현재: 가족, 친구, 직장, 학교, 교회, 이웃 등등 현재의 삶을 표현한다. 현재 나타난 현상들을 그려본다.

(3) 미래: 미래는 다분히 추상적일 수 있다. 그러나 미래는 과거와 현재가 없이 찾아올 수 없는 것이다. "성경에도 심은 대로 거둔다."는 말씀이 있는 것처럼 과거와 현재의 모습을 살펴보면서 미래에 이뤄질 것을 예상해 보자.

또한 미래에 대하여 새로운 꿈을 꿀 수 있는 기회가 될 것이다. 꿈은 미래를 만들어 간다. 비록 과거의 못난 모습이 있어도 지금 치료하고 간다면 미래는 밝고 아름다운 열매 맺을 것이다.

3) 마인드월드테라피를 성경공부에 응용하는 방법

다음 본문을 가지고 이야기해 보자.

또 가라사대 어떤 사람이 두 아들이 있는데 그 둘째가 아비에게 말하되 "아버지여 재산 중에서 내게 돌아올 분깃을 내게 주소서!" 하는지라 아비가 그 살림을 각각 나눠 주었더니 그 후 며칠이 못되어 둘째 아들이 재물을 다 모아가지고 먼 나라에 가 거기서 허랑방탕하여 그 재산을 허비하더니 다 없이한 후 그 나라에 크게 흉년이 들어 저가 비로소 궁핍한지라.

가서 그 나라 백성 중 하나에게 붙여 사니 그가 저를 들로 보내어 돼지를 치게 하였는데 저가 돼지 먹는 쥐엄 열매로 배를 채우고자 하되 주는 자가 없는지라 이에 스스로 돌이켜 가로되 "내 아버지에게는 양식이 풍족한 품꾼이 얼마나 많은 고 나는 여기서 주려 죽는구나! 내가 일어나 아버지께 가서 이르기를 아버지여 내가 하늘과 아버지께 죄를 얻었사오니 지금부터는 아버지의 아들이라 일컬음을 감당치 못하겠나이다. 나를 품꾼의 하나로 보소서 하리라." 하고 이에 일어나서 아버지께로 돌아 가니라.

아직도 상거가 먼데 아버지가 저를 보고 측은히 여겨 달려가 목을 안고 입을 맞추니 아들이 가로되 "아버지여 내가 하늘과 아버지께 죄를 얻었사오니 지금부터는 아버지의 아들이라 일컬음을 감당치 못하겠나이다." 하나 아버지는 종들에게 이르되 "제일 좋은 옷을 내어다가 입히고 손에 가락지를 끼우고 발에 신을 신기라 그리고 살진 송아지를 끌어다가 잡으라. 우리가 먹고 즐기자 이 내 아들은 죽었다가 다시 살아났으며 내가 잃었다가 다시 얻었노라." 하니 저희가 즐거워하더라.

　맏아들 은 밭에 있다가 돌아와 집에 가까 왔을 때에 풍류와 춤추는 소리를 듣고 한 종 을 불러 "이 무슨 일인가?" 물은 대 대답하되 "당신의 동생이 돌아왔으매 당신의 아버지가 그의 건강한 몸을 다시 맞아들이게 됨을 인하여 살진 송아지를 잡았나이다." 하니 저가 노하여 들어가기를 즐겨 아니하거늘 아버지 가 나와서 권한대 아버지께 대답하여 가로되 "내가 여러 해 아버지를 섬겨 명을 어김이 없거늘 내게는 염소 새끼라도 주어 나와 내 벗으로 즐기게 하신 일이 없더니 아버지의 살림을 창기와 함께 먹어버린 이 아들이 돌아오매 이를 위하여 살진 송아지를 잡으셨나이다." 아버지 가 이르되 "얘 너는 항상 나와 함께 있으니 내 것이 다 네 것이로되 이 네 동생은 죽었다가 살았으며 내가 잃었다가 얻었기로 우리가 즐거워하고 기뻐하는 것이 마땅하다 하니라." (누가복음15장11절-32절)

(1) 독서치료 대상의 상황설정:

부모를 거역하는 아이, 허황된 꿈에 사로잡힌 아이, 자기 고집만 부리는 아이, 부모의 심정을 모르는 아이, 자녀, 자녀를 둔 학부모

(2) 독서치료 대상의 연령: 유치, 유 초등, 중고등, 성인까지

(3) 이야기의 문학치료 적 가치:

아버지의 심정을 깊이 있게 깨닫게 할 수 있으며, 무조건 돈만 있으면 성공할 수 있다는 생각을 가진 사람들에게 실패의 교훈을 보여주며, 부모의 사랑이 매우 귀하고 깊으며, 더 나아가 하

나님의 끝없는 사랑은 배반한 자녀들이 언제나 돌아오길 기다리는 부모의 심정으로 표현되어 있다.

(4) 독서치료의 목적:

무작정 돈으로 하면 다 해결된다는 사상을 교정한다.

부모님의 마음을 조금이라도 이해하게 한다.

부모님의 사랑을 깨닫게 한다.

아버지의 마음과 하나님의 마음을 비교해 볼 수 있게 한다.

잘못하였을 때 그 잘못을 깨달을 때 진실 되게 뉘우치고 용서를 구하면 용서함을 받는다.

부모님의 말씀에 감사함이 없으면 그 또한 열매 없는 나무가 되어 결실치 못한다.

(5) 독서치료를 위한 질문:

(1) 내용이해를 위한 질문 :

둘째 아들이 아버지에게 요구한 것이 무엇이죠?

(2) 내용해석을 위한 질문 :

둘째 아들이 한 말 중 "내 아버지에게는 양식이 풍족한 품꾼이 얼마나 많은 고" 한 뜻은 무엇일까요?

(3) 카타르시스를 위한 질문 :

"내 아버지에게는 양식이 풍족한 품꾼이 얼마나 많은 고"하는 그 심정을 표현해 보세요.

(4) 창의적 접근을 위한 질문 :

만약 내가 탕자라면 흉년이 든 상황에서 당한 어려움 속에서 어떻게 행동할 것인지 말해보세요.

(5) 문제해결을 위한 질문 :

큰 아들의 태도를 보고 나의 심정을 이야기해 보세요.

둘째 아들이 형에게 뭐라고 할 수 있을까요?

내가 아버지라면 각각 어떻게 행동을 했을까요?

내 환경 속에서 이와 비슷한 경험이 있으면 이야기 해 보세요.

4) 마인드월드테라피를 통한 접근

(1) 돌아온 탕자의 마인드스토리하우스

학생들이 생각하는 각 인물들에 대하여 기록하게 한다.

자기의 생각을 정리해 보게 한다.

내가 만약 주인공이라면 어떻게 행동을 했을 것인가를 이야기 하게 한다.

① 아버지 :

② 둘째아들 :

③ 큰아들 :

(2) 돌아온 탕자의 마인드트리

나와의 관계나무 그리기 : 내 가족과 연관된 것들을 찾아보기

　　　① 아버지

　　　② 어머니

　　　③ 큰아들

　　　④ 둘째아들

　　　⑤ 말씀 속에서 나를 찾기 :

등장인물들을 통한 나와 연관성을 찾아본다. 나의 삶과 유사한 것을 찾아보고 나의 생각을 이야기 한다.

이렇게 사람마다 나무로 그림을 그려놓은 나무들을 모두 모아 놓으면 커다란 숲이 된다. 건강한 숲인지 살펴보자. 우리는 그 곳에서 살고 있다.

정리된 그림을 보면서 교사는 학생의 이야기를 들어보면서 책을 어떻게 적용할 것인가를 각각에게 제시하여 주면 된다.

나가는 말

마인드월드테라피는 독서치료와 시(詩)치료와 마인드맵을 통합하여 21세기에 맞는 새로운 스토리 맵으로 하는 치유 글쓰기의 한 방법으로 널리 활용되길 기대한다.

2. 치유글쓰기 실제

마인드월드테라피 방식으로 시 창작과정을 정서치유 관점에서 진행한 것을 소개하려고 한다.

필자는 1995년부터 PC통신에서 시인통신학교를 운영하면서 온라인을 통한 시 창작과정을 지도하였다. 온라인에서 시작한 시인통신학교를 통해 글쓰기 지도를 통한 훈련으로 내면치유 글쓰기가 진행되었다. 그 과정을 정리하여 소개하므로 오늘 우리가 초보적 글쓰기에서 간과하게 되는 부분들을 섬세하게 짚어가게 될 것이다.

1) 정서적 치유를 위한 편안한 시 쓰기

    정서에 대한 정의:

정서란 처음부터 사람에게 정해진 것이 아니고 삶의 환경과 여건, 그리고 삶의 현실과 이상 가운데서 오는 억압과 절제와 욕구불만 등으로 정서는 끊임없이 상처 입거나 변화하거나 발전해 나가는 것이라고 생각한다.

정서는 삶의 에너지에 지대한 영향을 주는 것으로 정서가 어떠한 상태인가에 따라 긍정적 혹은 부정적 그리고 소극적이거나 역동적으로 삶의 태도를 좌우한다.

따라서 정서적인 상태를 언제나 진단하고 혹은 교정하고 혹은 치료하면서 바람직한 정서적인 상태로 발전시켜 나가는 것이 중요하다고 본다.

이에 시 쓰기 활동을 통한 정서의 진단과 교정 그리고 발전 상태를 정리해 보고자 한다.

시 쓰기 이전의 심리 상태

삶이란 현실적으로 많은 억압과 절제와 구속을 요구하는 것이라 생각한다.

첫째는 나 자신의 위치에 대한 끊임없는 확인과 각성은 자유로운 생각과 행동들을 절제하고 스스로 억압시킬 수밖에 없고 따라서 자기 정체감을 잃지 않기 위한 부단한 스트레스를 감수하며 살았다고 생각된다.

둘째는 사회적인 인식 즉 도덕과 윤리성을 고수하려는 의식적이고 의지적인 노력과 절제에 의한 스트레스이다.

셋째는 현실을 살지만 이상을 저 버릴 수 없는 이상적 추구로 인한 현실과 이상과의 벽에서 오는 자기 상실감이다.

(1) 글쓰기 일 단계 - 편안한 글쓰기

글쓰기 교사가 글을 쓰는 사람의 감정에 절대 개입하지 않고 그냥 들어주고 읽어 주며 그 글의 문법적인 오류나 철자법 등을 가볍게 지도해준다. 이렇게 하여 글을 쓰는 사람에게 심리적 부담감을 줄이고 편안하고 자연스러운 글쓰기를 할 수 있도록 이끌어간다. 이럴 때 글쓰기를 배우는 사람은 자신이 표현한 글에 대한 부담감을 줄이게 되어 편안하게 내면세계를 드러낼 수 있는 글을 쓰게 된다.

이렇게 글쓰기를 진행하게 되면 감추어진 억압된 내면아이들이 글쓰기 놀이터로 나오기 시작하여 과거에 숨바꼭질하던 그곳에서 술래가 되어 찾지 못했던 것들을 찾아내게 되는 것이다.

(2) 글쓰기 이 단계 - 과거로 돌아가 보기

글쓰기 일 단계에서 자유로운 글쓰기를 마치고 이 단계 글쓰기 과정으로 들어가면서 글을 쓰는 이의 성장기를 회상하면서 유년 시절부터 단계별로 현재까지의 모습들을 그림 그리듯, 주제 이미지를 찾아 정리해나가므로 자신의 존재 가치에 대한 확인과정을 거치게 된다.

성장과정에서 함께 했던 가족과 이웃, 친구들을 글감의 중심에 두고 글을 씀으로써 글을 쓰는 이의 지난 세월동안 묶여있던 그림자들을 풀어주게 된다.

이렇게 지난 삶 속에 등장하는 인물들과 사건들을 찾아가는 마인드월드글쓰기 방식으로 글쓰는 이가 처한 현실 속으로 자연스러운 기운이 솟아나게 된다. 이러한 과정을 통해 글쓰기 강사는 글 쓰는 이의 자기 정체감에 대한 부분을 체크해줄 수 있어 자신감과 가치관이 자연스럽게 재정립되어지는 기회가 된다. 글쓰기 강사는 자연스럽게 글을 써 나가는 방향을 이끌고 글 속 주제를 간섭하거나 끼어드는 일이 없으면서 글 쓰는 이가 자연스럽게 내면의 감정의 자극을 받아 카타르시스가 이루어지게 된다.

21세기 시인통신학교에서 글 쓰는 이들에게 공식적으로 지도했던 지시사항은 다음과 같다.

시인학교 입학생에게 - 처음 글 올리는 순서

지금 공부하고 계신 것, 문학 강의를 그대로 공부하시고 거기서 요구하는 내용을 준비하시되, 과제에 맞춰 시를 쓰는 것입니다.

다음의 과제에 맞춰 글을 쓰시길 바랍니다.

① 어린 시절에 관하여, 결혼 전까지의 삶을, 유년, 청소년, 청년, 신앙생활 ,학교생활, 교회생활, 가정생활, 부모님과의 관계, 형제들과의 관계, 친구들과의 관계 등을 주제로 각 1편 이상의 시를 쓰시길 바랍니다. 곧 지난 세월을 그림을 그리듯이, 마치 추억의 앨범을 넘기는 기분으로 과거에 대한 시로 10편 이상을 써내려 가십시오,
② 연애, 사랑, 결혼, 직장, 아픔, 이별, 만남, 교회생활, 전도생활, 소명, 학교생활, 부모와 관계, 교우들과의 관계 등등을 총 10여 편을 쓰십시오.
③ 자녀, 가족, 남편, 시부모 등 가족을 중심한 시를 10편을 쓰십시오,
④ 개인의 신앙, 고백, 신앙, 교회, 사회현상, 시사적인 것을 포함하여 10편을 시로 쓰십시오.
이렇게 먼저 시를 써내려 가시길 바랍니다.

여기에서 말하는 시는 시적 형식을 빌려 경험해온 삶의 이야기를 풀어놓은 것이다.

이렇게 글쓰기를 시작하면 자신의 살아온 이야기를 쓰는 것이기 때문에 막힘없이 글쓰기가 진행된다. 또한 자서전같이 진행이 되지만 당시의 상황이나 사건들을 비유적이나 은유적인 표현으로 감출 수 있으면서도 글 쓰는 이의 내면에 들어있는 과거에 대한 무게를 내려놓을 수 있는 기회가 되기도 한다. 그런데 여기서 글 쓰는 이에게 지난 세월 속의 주제 찾는 방법과 글감을 찾아 실제적인 글로 쓸 수 있게 하는 것이 중요하다.

글감을 찾아내는 방식이 앞에서 말하였던 마인드월드테라피 방식을 따르는 것이다. 이 기술은 마인드맵과 유사하다.

(3) 글쓰기 삼 단계 -위인 인물시를 쓰기

글쓰기 세 번째 단계로는 정서의 표출 자가 진단 단계라고 할 수 있다.

역사속의 위대한 인물들을 연구하여 인물시를 쓴다. 또한 성경을 읽고 성경 속에 나오는 인물들을 한 사람씩 시로 나타내는 것이다.

위인전이나 성경 속의 인물들은 나와 같은 본성을 가진 사람들로써 나의 내면 깊은 속에 있는 죄(罪)성을 바로 알 수 있도록 하여 준다. 위인들의 삶을 통해 글을 쓰는 이로 하여금 자가 진단을 하는데 도움을 주고 용기를 주게 된다.

인물시를 통한 인격적 교감을 기대하는 것이다.

세 번째로 교수님은 성경 속에 나오는 인물들을 연구하여 시로 나타내도록 지도하였다.

성경을 읽음으로서 묵상 과정을 통해 인간의 죄(罪)성과 연약함 그리고 하나님의 성품과 기뻐하시는 바를 통해 나 자신을 다시금 확인하며 인정하며 남이 아닌 자신을 향한 애정을 갖게 되고 더 나아가 내가 속한 세상에 대한 긍정적인 정서가 도출되었다.

자신을 바로 알고 또한 사랑할 수 있다는 것은 곧 남과 세상을 사랑할 수 있는 정서적 토양이 마련되는 것이다.

시인통신학교에서 지도하는 멘트를 보면

"자신의 인생에 대하여 다 썼으면 성경인물에 대하여 쓰기 시작해 보십시오, 창세기부터 요한계시록까지 성경을 읽으면서 쓰는 시도 참 좋습니다. 당신은 성경인물을 중심한 시를 쓰시면 잘 쓰실 것 같습니다. 성경 인물사전이나 참고서적을 서점에서 한두 권 구입해서 참고하면서 쓰는 것입니다. 성경인물을 차례로 써 보십시오, 최소한 100-200명을 쓴다고 생각하고 성경인물을 창세기부터 쓰기 시작해 보십시오. 그냥 성경 한 페이지 넘기면서 나오는 인물을 특징 삼아서 1-2연에서 인물의 생애 3-5연에서 업적을, 5-6연에서 그 생애가 주는 교훈 등의 순으로 정리해 보는 것입니다. 그러면서 자신을 그 인물과 비교해보면서 기도하는 것입니다. 그렇게 한번 해 보십시오,
　지금하고 있는 작업을 어느 정도 마친 후에 말입니다."

역사적 위인들의 업적을 찾아 그들의 이야기를 정리해보는 인물시를 쓰는 일 또한 치유글쓰기에서 후반부에 해야 할 필수적 작업이라 할 수 있다.

치유글쓰기 삼 단계에서는 자연스런 책읽기가 병행되는 것이다. 성경이나 위인전을 읽어가면서 글을 쓰게 되니 글감에 대한 문제가 해결되고 또한 한 사람의 인생을 시로 정리해보면서 자

신의 삶과 인격에 비춰보는 계기가 되어 내 안에 울고 있던 내면아이에게 위로를 주게 된다.

(4) 글쓰기 사 단계 - 통찰과 성숙

치유글쓰기 네 번째로 신앙시(信仰詩)와 동시쓰기를 한다. 신앙시를 씀으로 하나님 앞에서 분명하게 보여 지는 자신의 모습을 고찰하고 회개와 감사로써 더 이상 정서적인 장애적 요인에 머물지 않고 나 자신의 정서를 주도할 수 있는 역량을 키우게 되는 단계이다.

또한 동시를 씀으로 가장 단순하고 어린아이 같은 순수한 정서를 경험하여 정서적인 안정 속에 몰입할 수 있게 된다.

"김성구 교수님은 신앙시를 쓰게 함으로써 자신을 좀 더 하나님 앞에 나아가게 함으로써 자신의 모습을 겸손하게 인정하고 회개와 감사할 수 있게 하여 정서적으로 장애 요인이 있다할 지라도 스스로 자가 진단이 이루어지고 정서를 스스로 주도해 나갈 수 있는 능력이 생기도록 지도하였다. 또한 어린아이의 시각과 정서로 동시를 쓰게 하여 순수하고 단순한 정서를 경험하게 함으로써 원초적인 카타르시스를 경험하며 감성을 부드럽게 하고 외적으로도 말이나 행동이 순화되어갈 수 있도록 지도하였다. 내가 처음 시작 할 때 부담 없이 자신을 글로써 표출할 수 있도록 지도해 주시고 이끄시는 대로 글을 쓰다 보니 오늘에 이르렀고, 나 스스로가 깜짝 놀랄 만큼 정서적인 치료와 통찰과 발전의 과정을 거친 것을 발견하게 되었다."(박영미, 시인통신학교 수강생)

나가기

결론적으로 글쓰기는 어쩌다 쓰는 것이 아니라 매일 만나는 삶속에서 이미지들을 골라내어 글로 써내려가다보면 글과 삶이 일치하는 살아있는 글이 될 것이다. 이러한 것은 내면의 깊은 곳에서부터 통찰이 이뤄지는 단계일 것이다.

반드시 일기로 쓰자는 것이 아니라 매일 짧은 글을 쓰게 되면 자신도 모르는 변화를 누리게 된다. "아주 작은 반복은 힘이 있다."고 로버트 마우어가 말했다.

우리는 반복적인 글을 쓸 기회가 만들어진 환경을 산다. 그것은 문자, 메일, 카톡, 카카오스토리, 페이스북 등에 늘 글을 쓰게 되는 것이다. 그러나 이러한 치유글쓰기 훈련을 거치지 않은 대부분 사람들은 카톡이나 페이스북에 공해를 생산하고 유통하는 존재로 정체되어 있다. 요즘 흔히 쓸 수 있는 SNS에서 치유글쓰기를 스스로 할 수 있다는 것은 매우 좋은 기회라 본다.

이러한 글쓰기 교육도 다양한 매체를 통해 이뤄질 수 있어 또한 좋은 세상이다.

이순신 장군이 백전백승할 수 있었던 것도 바로 매일 난중일기를 썼다는 데에 포인트가 있는 것이다.

"글쓰기는 빗자루와 같다. 좋은 책과 병행하여 글쓰기를 하면 건

전한 가치관 형성과 인성에 효과적이다. 매일 살아가면서 생기는 마음의 쓰레기들을 어떻게 처리할 것인가? 술과 오락으로 쓰레기들을 치울 순 없다. 오히려 더 많은 쓰레기들을 쌓는 결과가 온다. 글쓰기는 마치 빗자루와 같다. 더러운 마음의 찌꺼기들을 글로 청소해야 한다. (섬네일. 김용태, 서울교통공사 정보통신부서 과장)

황금찬 시인의 글을 소개하면서 글을 마치려한다.

하늘엔 별이 시인이요, 지상엔 시인이 별이라. 별은 우주의 빛이요, 시인은 시대의 정신이다. 별이 병들면 하늘이 어둡고 시인이 병들면 시대가 병든다. 악한 언어는 생명의 적이다. 시인은 선한 사랑의 말로 하늘을 이야기하는 지상의 별이다. 하늘의 별은 시요, 시는 지상의 별이다. 시인의 언어는 선과 사랑으로 살아 있어야 한다.
  시를 왜 쓰느냐? 하고 싶은 말 한마디를 하기 위해 시를 쓴다. 그 하고 싶었던 말 한마디를 한 편의 시에 담았으면 그만이지 왜 또 시를 쓰느냐? 오늘 해야 할 말은 오늘의 시에 담았는데, 내일을 살아보니 그날 해야 할 말이 또 있기에 그 말을 담기 위하여 또 시를 쓰는 것이다. 시인이 하고 싶은 한마디의 말은 어떤 말인가?
  어떻게 변모하는가? 빛이 된다. 꽃피는 나무가 된다. 구름이 된다. 물이 된다. 바람이 된다. 유리의 언덕에서 선이 된다. 역사가 된다. 사랑이 된다. 위대한 시인과 좋은 시가 있는 우주는 병들지 않는다. 국가나 사회는 빛을 잃지 않는다. 시인은 땀을 지닌다. 눈물을 갖는다. 한마디의 말을 하기 위하여 생명을 하늘에 버릴 수도 있다. [91]

---

91) 황금찬, 『말의 일생』, 모아드림. 2007.

우리가 이 세상 살아가면서 하고 싶은 말을 정확하게 잘 하여 전달할 수 있다면 좀 더 행복한 삶을 살 수 있을 것이다. 글쓰기를 하는 것도, 시인이 시를 쓰는 것도, 소설가가 거대한 작품을 수만 장의 원고지에 쓰기 위해 칩거하는 것도 그저 작가가 하고 싶은 말을 제대로 하고자 하는 것이 아니겠는가? 글쓰기 치유가 잘 된다면 그 하고 싶은 말들을 경우에 맞는 말로 잘 표현하며 살 수 있지 않겠나 하는 것이다.

소설언어의 성격과 효과적인 소설 집필 방법

채길순 · 소설가, 명지전문대학 교수

1. 소설 언어는 종합언어이다

　소설이란 작가가 인식한 세계의 진실을 소재를 통해 일정한 서사 구조 내에서 소설 언어로 형상화한 것이다. 따라서 아무리 좋은 소재가 있다 하더라도 언어로 형상화 하는데 실패하면 결코 좋은 소설이 나올 수 없다. 소설 언어는 인간의 삶을 총체적으로 드러낼 수 있도록 일반적인 산문형 문장이라는 특성 외에 시적인 표현은 물론 수필, 희곡, 시나리오, 방송극, 실용적인 설명문이나 논설문, 심지어 기행문, 보고서, 일기, 편지 등 여러 형태의 문장이 종합 되어 있다. 소설언어가 종합언어라고 하는 것은 이런 이유다.
　형식적인 측면에서 소설은 대화와 지문으로 이루어져 있다. 그러나 대화와 지문을 효과적으로 서술하려면 온갖 문학 장르의 글은 물론 실용적인 글까지 효과적으로 표현할 수 있어야 한다.

2. 소설은 대화와 지문으로 전개 된다

　소설의 문장은 외적 형식으로 대화와 지문으로 구성된다.

대화와 지문의 기능과 효과적인 표현 방법을 알아보자.

1) 대화의 기능 : 소설에서 대화는 작가의 의도를 충족시켜 주는 유용한 수단으로 쓰인다. 그것도 생생한 청각과 시각 언어로 전달해 준다는 점에서도 매우 적절한 표현법이다. 대화의 기능을 알고, 효과적으로 활용하는 것이 바람직하다.

(1) 대화는 인물에 대한 정보와 정황을 제시하는 기능을 지닌다.

(2) 대화는 사건의 흐름을 제시하는 서사적 기능을 가진다. 표면적으로는 대화 상대자와 주고받는 말이지만, 사실은 독자에게 사건의 흐름이나 내용을 이해시키기 위해 고안된 장치라는 점을 알아야 한다.

(3) 대화는 작품의 종합적인 의미를 정리하거나, 중요한 문제를 제시, 논평 하는 기능이 있다.

(4) 대화는 기본적으로 문학적 정서를 담아내는 기능이 있다. 일상의 대화와는 달리 소설의 대화는 문학적인 정서를 담는다.

(5) 이는 결국 작가 고유의 문체를 드러내는 방법이 된다.

① 은하에게서 전화가 왔다. 빨리 오라는 독촉에다, 블랙 숄더백도 꼭 가지고 나오라는 목적이 정확하게 담긴 전화다. 소개팅 나가야 한다며, 사거리 미용실로 가지고 와달라는 것이다. 대기업 엔지니어링 사업부에 근무하는 전도유망하면서 외모도 썩 맘에 드는 남자라면서 소개받기 일주 일 전부터 전쟁터에 나가는 전사처럼 전투자세

로 임해오고 있었다.

내가 미용실에 도착했을 때 은하는 이미 디자이너들에게 둘러싸여 있었다. 긴 가민가 궁금해 하며 거울을 통해 들여다 본 얼굴은 은하가 틀림없었다.

"그렇게 정성을 들였는데, 남자가 마음에 안 들면 어떡하니?"

내가 디자이너 숲속의 공주 은하를 향해 말했다.

"괜찮아. 복불복이야. 맘에 꼭 들 수도 있잖아. 그걸 대비해서 이 정도 투자는 해야지. 여자로서 이 정도 예의는 갖춰줘야 하고."

"그래 알았어. 너를 누가 말리니. 잘해 봐. 자 여기 가방. 내가 아끼는 가방이야, 흠 안 나게 잘 써야 돼."

― 심경숙, 「방화벽」 중에서

② 저녁이 되어서야 휴대폰 벨소리 때문에 간신히 깨어날 수 있었다. 주위를 살펴보니 한강이었고, 어떤 남자가 나를 쳐다보고 있었다.

"일어났냐? 너 같은 새끼는 한강에 빠져 뒈져도 모자라."

"저……누구신지?"

"정신은 들었나 보네. 알면 모하게, 새끼야."

내가 그 남자를 쳐다보는데, 아까 20m 쯤 떨어져 서 있던 남학생이었다. 도대체 왜 나를 이 지경까지 때렸을까. 내 기억으로 남학생에게 해를 끼치지 않았는데, 나를 왜 이 지경으로 만들었는지 궁금했지만, 먼저 더 큰 걱정이 밀려왔다. 만약 이 학생이 내 핸드폰을 봤더라면 동생에게 전화하지 않았을까. 만약 동생에게 전화했다면 나는 동생에게 뭐라 말해야 하지? 하지만 더 급한 것은 우선 이곳에서 도망치는 일이었다. 어떻게 도망가지. 이런 옷으로 어떻게 가지? 여러 생각이 복잡하게 얽히고설키고 있을 때 쯤 또 다른 남학생이 내게 말을 걸었다.
"어이, 형씨. 술 좀 사와 봐. 술이나 마시자. 도망가면 알지? 이거."
그의 손에 나의 회사 가방이 있었다. 도망도 못하게 생겼다. 남학생이 내 지갑에서 내 돈을 꺼내줬다.
— 노혜란, 「출입문」 중에서

③ 십오륙 년 전에, 여학교를 졸업하고 이 고장을 떠나면서도 나는 그 수돗가에서 손을 씻었습니다. 그 이후로 이 고장에 내려오거나 다시 이 고장을 떠날 때마다 저는 그 수돗가에서 손을 씻었습니다.(중략)
그 자리에서 손을 씻고 이 고장을 떠나가면 이 고장에서 있었던 일들을 잊을 수 있다고 생각해서 그랬을까요? 글쎄, 그건 단순히 이루어진 습관이었을까요? 그날, 그 수돗가에 손목시계를 벗어 두고 온 것을 집에 돌아와서야 알았습니다. 그 노란 시계는 당신이 주신 것이었지요.
— 신경숙, 「풍금이 있던 자리」 중에서

①②는 대화를 통해서 사건 진행 과정과 인물의 성격을 보여준다는 점에서 가장 흔하고 전통적인 의미의 보여주기 대화 기술에 속한다. 그러나 ③은 지문처럼 보이지만, 전개된 모든 내용이 대화 형식이다. 어쩌면 소설쓰기에서 애초에 대화와 지문을 굳이 구별할 필요가 없었는지도 모르겠다. 그렇지만 대화는 간접적인 보여주기이며, 또 감각적인 표현이라는 점에서 생동감 있는 감성적인 표현법이다.

그리고 대화의 독특한 활용은 작가 고유의 문체를 형성하는데 일조하고 있음을 알 수 있다.

제목만 빼고 소설 한 편이 모두 대화로만 전개되기도 한다. 다음 예문을 보자.

④ "오늘 메뉴는?"
"우린 카레라이스를 먹었지만, 당신은 깨죽이에요."
"또?"
"또라뇨? 날이면 날마다 아침저녁으로 당신을 위해 따로 1인분 죽을 준비하기가 얼마나 힘든 줄 아세요? 흰죽, 잣죽, 깨죽, 전복죽, 팥죽, 녹두죽, 콩죽, 시금치죽, 날 밝으면 죽 쑤고, 날 저물면 또 죽 쑤고, 죽을 쑤느라고 죽을 지경이에요. 오죽하면 이웃 여자들이 나더러 '날마다 죽 쑤는 여편네'라며 웃고 놀리겠느냐고요?"
― 안정효, 「백합은 이렇게 죽는다」 중에서

대화를 통해서 부부가 처해 있는 건강 문제, 해학 등 종합된 상황이 눈에 보일 듯 펼쳐진다. 대화만으로 소설 한 편이 될 수 있다는 사실은 소설에서 대화가 지닌 다양한 기능을 가늠할 수 있다. 물론 대화에서 작가의 개성적인 문체도 동시에 드러난다.

2) 지문의 기능 : 지문은 독자들에게 사건의 양상을 안내하는

서사적 기능을 지니거나 상황을 제시하기도 하며, 대화를 보충하기도 한다.

⑤ 먼 곳에서부터 발걸음 소리가 들려오기 시작했다.
발뒤꿈치를 시멘트 바닥에 자신 있게 내려박는 것 같은 소리다.
마지막 순회점검을 오는 당직주임의 발소리가 틀림없었다.
근무 중 이상 무!
하는 바깥초소 근무자들의 고함소리가 들렸다. 그는 두 개의 철문을 지나야만 이쪽 사동에 당도할 수 있을 것이다. 나는 어깨를 단단히 여미고 있던 솜이불 자락을 젖히고 일어나 앉았다. 이불 속에서 몸을 일으키자마자 새벽의 싸늘한 냉기가 등덜미를 쓸어내렸다.
— 황석영, 『오래된 정원』 중에서

⑥ 한 송이 장미는 쪽방에서 쿨쿨 호박꽃으로 피어나는 중이시다. 새벽에 일어나 그날 팔 반찬과 안주거리 등속을 만들어놓고 점심 전까지 퍼질러 자는 게 그녀의 오전 일과다. 장미라 불리게 된 이유와 시작은 알 수 없지만 눈자위가 짓무를 나이까지 꽃으로 불린다는 것은 특별한 영광이었다.
날씨가 날씨인지라 이제 그만 창고에 처박아도 좋을 연탄난로 위에서 자글자글 국솥이 끓고 있다. 국솥에는 족히 열개는 넘을 동태대가리가, 대파 • 김치 • 콩나물 등속과 함께 푹 고아지고 있다. 일명 장미표 '동태대가리탕'은 그 어떤 매운탕에도 밀리지 않을 속풀이 신공으로 정평이 나 있다. 포를 뜨고 남은 대가리를 개당 오백원에 가져와서 고춧가루 • 마늘 한 국자씩 퍼 넣고 야채와 함께 끓여내면 그게 혓바닥 껍질이 벗겨나가는지 창자가 까이는지 모를 정도로 재미가 있었다.

장미의 영업방침은 '처먹거나 말거나 제 알아서'였다.
— 손병현, 『동문다리 부라더스』 중에서

⑦ 두 달 전 우리 가족은 네 등분되었다. 그건 그냥 케이크 자르기 같은 거였다. 둥근 케이크를 네 개의 숟가락이 두서없이 퍼먹든, 칼로 네 등분을 해서 한 조각씩 나눠 먹든, 케이크 맛은 달라지지 않는다. 우리는 남이 아니었기에 아주 균등한 나눔은 아니었다. 더 필요한 사람에게 더 많은 몫이 돌아갔다. 내 몫은 학교 앞의 다섯 평 원룸이었다.
— 윤고은, 「사분의 일」 중에서

위의 예문 ⑤⑥⑦은 먼저 '작가의 말'이라는 점에서 보면 대화로 볼 수도 있다. 그렇지만 사건 양상을 독자들에게 제공하는 서사적인 기능, 사건 정황을 상세하게 전달하는 기능을 수행하고 있다. 소설에서 대화와 지문은 동시에 쓰이는 것이 원칙이지만, 그리고 서로 조화를 이루어야 하지만 일반적으로는 지문이 소설의 많은 부분을 차지하고 있다.

3. 소설에서 대화와 지문을 효과적으로 선택하는 방법

1) 기술에 앞서 대화와 지문 중 작가는 어떤 표현이 효과적일지 먼저 선택해야 한다. 원칙적으로 대화가 더 감각적인 언어라는 점에서 효과적이긴 하지만, 원론적으로는 대화와 지문이 균형

을 이루어야 한다.

2) 글을 집필하는 동안 모든 소설적 상황이 작가의 머릿속에 생생하게 살아 있어야 한다. 그래야 소설의 장면들을 구체적이고 감각적인 언어로 형상화할 수 있기 때문이다. 소설언어는 사건 정황을 전달하는 기능뿐만 아니라 문학적 정서를 전달하는 기능까지 수행하고 있으며, 이 같은 문학적 정서는 감각적인 언어로부터 출발되기 때문이다.

3) 소설의 대화는 일상적인 언어와 달리 극도로 정제되어야 한다. 소설은 일반적으로 하나의 화제(문단)를 중심으로 상황이 전개되기 때문에 문장이 한 화제 안에서 정리되고 경제적으로 씌어져야한다.

4) 지문에서는 일반적으로 사투리나 생략어를 쓰지 않는다. 소설의 흐름에서 어쩔 수 없이 사투리나 생략어를 쓸 필요가 있을 때에는 지문 보다는 대화로 처리하는 것이 원칙이다. 그렇지만 채만식의 풍자소설처럼 작가가 사건이나 인물을 직접 비꼬거나 패러디할 때거나, 이문구처럼 아예 충청도 사투리를 지문으로 쓰는 특별한 경우가 있기도 하다. 이런 경우 그 작가의 개성적인 문체가 형성되는 요건이 되기도 한다.

5) 대화에서도 사건이나 소설적인 상황이 발전해야 한다. 소설의 대화는 항상 독자가 읽는 것을 전제로 쓰게 되므로 늘 상황이 전개되어 나간다는 느낌을 줄 수 있어야 한다. 따라서 독자에게 사건 정황이 중복 되거나 답답하게 멈춰 있다는 느낌을 주어

서는 안 된다. 이를 바꿔 말하면 정체진술보다 경과진술이어야 한다는 뜻이다.

6) 소설언어는 창조적이어야 한다. 소설언어는 일상 언어와 달리 정보 전달은 물론 창조적인 언어, 함축적인 언어, 산문이면서 시적인 언어 등 문학적 정서를 담아낼 수 있어야 한다. 이는 그 작가만의 독특한 문체, 혹은 문학 세계를 형성해 가는 출발점이 되기도 한다.

4. 소설 창작에서 다른 양식의 글을 효과적으로 담아내기

1) 가장 자연스러운 방법은 화자나 등장인물의 눈을 통해서 묘사하거나 기술하는 방법을 통해서 담아낸다. 이때 시적으로 표현하거나 일기 편지 형식 등 다양한 장르의 글쓰기 양식으로 기술한다. 일정한 이야기 방법으로 제시되기 때문에 통일성을 유지할 수 있다.

2) 아예 작품 전체를 일정한 장르의 글로 구성하기도 한다. 가령 일기나 편지, 혹은 보고서 형태로 소설 전체를 구상한다. 예를 들면 『안네의 일기』도 좋은 예다. 기행문이나 보고서 르뽀 형식의 소설도 있다. 카프문학의 소설이 편지 형식으로 쓴 작품이 있고, 위대한 사상가나 문학이론가들의 이론이 편지 형식으로 세상에 알려지기도 한다. 보고서 형식으로 쓴 소설도 있다.

3) 각기 다른 화자의 눈으로, 각기 다른 양식의 글을 전개하기도 한다. 이를테면 A라는 화자의 눈을 통해서 시적으로, B는 수필적인 명상으로, C는 이성적인 연설 조로 표현하면 자연스럽게 통일성을 이룰 수 있을 것이다. 이는 같은 주제의 독립된 형식을 취한다는 점에서 피카레스크식 구성 소설을 말하기도 한다. 다만 특정한 주제가 설정된다는 점에서 다르다. 한강의 『채식주의자』는 '폭력의 희생자들'이라는 공통분모가 선명하다.

4) 등장인물이 남긴 일기장이나 편지, 발송되어온 문자 등을 이용하는 경우에는 먼저 개연성이 뒷받침 되어야 한다. 예를 들면 등장인물이 남긴 일기를 인용하려면 평소에 일기를 꼬박꼬박 쓰는 버릇을 가진 인물이었다거나. 시를 좋아해서 맘에 드는 시구를 메모하는 버릇이 있었다거나, 혹은 그 메모를 내게 가끔 보내주곤 했다는 식으로 개연성을 미리 확보해야 한다.

5) 작품 전체 구성으로 일정한 장르의 글이 선택하기도 한다. 예를 들면, 어떤 계기로(도입) 어떤 새로운 세계를 접하거나(전개) 다시 일상으로 돌아오는 기법을 쓰기도 하는데, 이런 경우 전개 부분에서 다른 장르의 글을 쓸 수 있을 것이다. 이에 대한 좋은 예로, 몽자류(夢子類) 소설 구성법이 이에 속한다. 몽자류 변형 플롯으로, 별 이야기를 하다가 잠이 들었는데(도입) 그날 밤 꿈을 통해서 별 세계를 여행했다.(전개) 잠을 깨어보니 아직 별이 드문드문 보이는 새벽이었다.(마무리)

6) 애초에 일정한 주제 아래 각기 독립된 이야기로 계획되기

도 한다. 이를 연작소설 혹은 피카레스크식 구성 소설이라고 한다. 민간에 떠도는 각기 다른 독립된 이야기를 기록 형태의 『천일야화』가 좋은 예다. 서구의 최초소설이라 일컫는 『데카메론』은 10명이 모여 하루에 한 사람씩 이야기를 해 나감으로써 책임을 완수하는 구성으로 되어 있다.

7) 아예 독립된 타인의 작품의 일부나 전체를 인용하거나 활용하기도 한다. 이런 경우 출전을 밝히거나 동시에 자신의 작품과 다른 문체(예컨대 이텔릭체 혹은 고딕체)를 사용하기도 한다. 타인의 작품을 인용할 경우 출전을 밝혀야 하고, 경우에 따라서는 원작가의 동의를 구할 필요도 있다.

8) 자신의 다른 장르의 글이나 타인의 작품을 실험적인 기법으로 활용하기

요즘은 포스트모더니즘의 시대를 넘어 문화의 융복합의 시대다. 각기 다른 양식의 글이나, 타인의 작품들이 어울려 하나의 통일된 문화예술 형태를 이루기도 한다. 이 같은 현상을 문학 혹은 소설로 국한하여 말하면 다른 사람의 문구 혹은 작품의 일부를 끌어다 내 창작품을 만드는데 활용하는 기법이다. 이 때 모방이나 차용, 표절의 애매한 경계가 형성되기도 한다. 빌려온 부분을 이텔릭체거나 고딕체로 구별을 하고 출전을 밝히는 것이 일반적이다. 더러는 내 작품이라도 다른 장르의 글이라면 타인의 작품처럼 취급할 수도 있을 것이다.

(1) 패스티시(pastiche) : 다른 작품으로부터 내용 혹은 표현

양식을 빌려와 복제하거나 수정하여 작품을 만드는 것. 혼성모방이라 한다. 패스티시는 일반적으로 다른 작품의 요소를 자신의 통일된 양식으로, 자신이 창조하지 않은 작품이라는 의미를 내포함으로써 절충된 창작품에 대한 비난의 의미를 포함하고 있다. 때로 패러디(parody)와 비교되는데, 패러디가 다른 작품의 내용이나 양식을 빌리되 특정 의미를 표현하기 위한 목적의식을 갖고 있는 데 반해 패스티시는 목적의식 없이 다른 작품의 요소를 단순히 나열한다는 점에서 다르다. 작년 매일신문 신춘문예 당선작품 「닭을 먹다」가 좋은 예다.

(2) 콜라주(collage) : 질(質)이 다른 여러 가지 헝겊, 비닐, 타일, 나뭇조각, 종이, 상표 등을 붙여 화면을 구성하는 기법을 말한다. 기존의 이미지를 활용한다는 점과 애니메이션 카메라 및 스탠드로 움직임을 만들어낸다는 점에서 키네스테시스와는 달리 콜라주 기법은 보는 이들에게 별난 느낌을 심어준다. 콜라주 이미지 속에는 미치광이 피에로 같은 면이 보이고 있으며, 거대한 소용돌이 속에 서 있는 환각의 느낌을 받기도 한다. 또한 콜라주 작품을 제작하는 기본 양식으로 두 가지 인상주의 스타일과 내러티브 스타일을 꼽을 수 있다. 그 중 인상주의 양식에 더 익숙해지고, 이미지들의 공습이 화면을 가득 채운다. 시나 소설이 이런 형태로 기획되기도 한다. 이런 결과의 시나 소설이 실험성을 지닌다고 할 수 있다.

5. 소설의 효과적인 전개 방법

소설 집필이란 무한히 넓은 언어의 바다에서 싱싱한 언어 물고기를 낚아 올리는 과정과도 같다. 이는 작가의 사상과 체험적 사건을 비유나 상징을 통해 소설문장으로 형상화하여 구체적인 이미지로 전달해 주는 과정이다. 작가의 개성이나 예술적 감성이 이 과정에서 드러난다.

1) 거칠지만 빠른 흐름으로 나가되, 막히면 건너뛰어라. 집필에서 중요한 것은 이야기의 큰 흐름이다. 도중에 세부적으로 막히는 곳이 있다면 뛰어넘어 가던 길을 빠르게 나가는 것이 좋다. 막힌다고 글의 전개를 멈추기보다는 일정 부분을 공간으로 남겨 두고 채워 나가다 보면 막혀서 비워 둔 부분을 채울 내용이 떠오르기도 한다. 그때 되돌아와 보완 하더라도, 우선 빠르게 흐름을 좇는 것이 좋다. 어차피 소설은 퍼즐의 조각을 채워가는 과정이라고 보면, 문장이나 문단은 뒤에 채워도 되는 퍼즐 조각인 셈이다.

2) 건너뛰었던 곳으로 돌아와 오랫동안 머물러 손질할 때도 있다. 때로는 건너뛴 곳에 다시 돌아와 손질하면서 오랫동안 머뭇거릴 때도 있다. 하지만 소설 전체의 흐름에 방해가 되지 않는다면 그것도 소설 집필의 한 과정이 되기도 한다.

3) 집필을 해나가다 보면 계획에 없던 사건이나 소도구들이 끼어들기도 한다. 글을 써 나가다보면 때로는 생각지도 않았던

기발한 사건이나 아이디어, 새로운 소재가 떠올라 작품을 새롭게 만들기도 한다. 때로는 이런 것들이 작품의 흐름을 혼란스럽게 할 수도 있지만, 많은 경우 더 새롭게 바꾸어놓기도 한다. 그래서 무한한 소재를 낚아 올리기 위해 오래 낚시를 드리우 듯, 오랜 시간 글쓰기가 필요하다고 했던가. 다만 불필요한 사건들이나 소도구가 필요 이상으로 많이, 길게 나열되는 것은 경계해야 한다.

⑧ 나는 무심결에 일 년 전에 그려 놓았던 나비 그림을 다시 꺼내 보았다.
먼지가 자욱하게 쌓여 회생이 불가능한 지경까지 가 있는 듯 했다. 하지만 먼지를 한번 혹 불자, 마술같이 풋풋한 그림 한 점이 눈 앞에 나타났다. 나는 마치 무엇에 홀리기라도 한 듯이 바로 물감을 풀어 나머지 여백을 빠르게 채워 나갔다. 나비는 어느 새 푸른 물결이 넘실대는 바다 위를 건너고 있었다. 아! 유리관 속의 나비는 그렇게 꿈꾸듯, 자유를 찾아, 홀로, 밑도 끝도 없는 미지로의 긴 여행을 떠나려 했었던 것일까. 그 해 소명이도 같은 시기에 나타나 캔버스 위의 작은 나비처럼 내 마음을 온통 헤집어 놓고 어디론가 유유히 날아 사라져갔다.
— 박선, 「꿈꾸는 날개」 중에서

위의 예문 ⑧은 소설 창작 실습 시간에 학생이 쓴 작품이다. 친구와 작별하고 나서 정신과 육체가 황폐해진 심정을 나비라는 소도구를 빌어 형상화하고 있다. 필자의 후기에 의하면, 나비는 애초에 계획되었던 소재가 아니라 글을 쓰는 중에 불쑥 날아든 소도구이고, 덕분에 소설을 무난하게 마무리 지을 수 있었다. 그래서 소설 쓰기에서 계획 단계보다 글을 쓰는 시간이 더 길어야 한다는 점을 강조하는 작가들이 많다. 무엇보다도 무작정 글쓰기의 길을 떠나, 길 위에서 길을 물으라 하지 않았던가.

6. 좋은 글을 쓰기 위한 몇 가지 자세

1) 글은 작가의 생활이자 인격이다. 일반적으로 사람들은 쓰기를 두려워한다. 그렇지만 제아무리 체계적이고 논리적인 사고를 가지고 있어도 말이나 글로 표현할 수 없다면 그의 사고는 빛을 발할 수 없다. 어린이 글짓기 교육을 강조하는 것은 논리나 체계적인 사고 능력을 향상시키기 위해서이다. 따라서 '글은 사람이다'라는 말은 나름대로 이유가 있다. 글쓰기는 새로운 정신세계를 탐구하고 통합하는 과정이고, 창의적인 활동 중의 하나이다.

2) 진실한 글을 써라. 독자에게 보다 효과적으로 의미를 전달하기 위해서는 글이 정확해야 하고, 효과적으로 설득시키려면 논리적이어야 하며, 독자를 감동시키려면 글의 내용이 진실해야 한다. 사람의 마음을 움직이는 글이 살아 있는 글이며, 그러한 힘은 내용의 진실성에서 비롯됨을 명심할 일이다. 중국의 후스(胡適)가 좋은 문장을 쓰기 위해서 다음 여덟 가지 금지 사항을 들었는데, 참고 할만하다.

(1) 빈말만 있고 정작 사물이 없는 글을 짓지 마라.

(2) 병도 없으면서 공연히 신음하는 글을 짓지 마라.

(3) 전고(典故)를 일삼지 마라. 이미 확정되어 두루 쓰이는 관용구나 옛 사람의 말과 글을 필요 이상으로 인용하지 마라.

(4) 지나친 미사여구(美辭麗句)를 쓰지 마라.

(5) 대구(對句)를 즐겨 쓰지 마라. 예를 들면, '~하니 ~한다.' 형식의 글 같은 도식적이고 안이한 글투는 창의성을 떨어뜨린다.

(6) 어법이나 문법에 맞지 않는 글은 쓰지 마라.

(7) 옛 사람의 글을 모방하지 마라.

(8) 속어(俗語)나 속자(俗字)를 남용하지 마라.

요컨대, 미문(美文)을 쓰려고 하기 보다는 투박하나마 진실이 담긴 글을 쓰려는 자세가 더 중요하다. 진실이 담긴 문장만이 독자에게 진정한 감동을 불러일으킬 수 있기 때문이다.

3) 가능한 짧게 써라. 좋은 글은 짧게 쓴 글이다. 문장 표현이 경제적이라야 한다. 최소의 말로 최대의 효과를 올리는 것이다. 짧게, 경제적으로 쓴다는 것은 단어의 수만 줄이는 것이 아니라 군말을 없애고 함축성 있게 쓰라는 뜻이다. 신문 한 컷의 만평이 그날의 중심 시사 문제를 함축적으로 제시하는 것을 떠올려 보면 이해가 빠를 것이다. 신문사의 만화가들은 한 컷의 만평을 그리기에 앞서 수많은 사안을 늘어놓고 그 핵심을 파악하기 위해

정신을 집중한다. 돋보기의 초점에 모아진 태양열이 종이를 태우듯, 간결한 문장이 마음을 움직인다. 한 줄의 표어나 속담이 장황한 글보다 더 큰 감동을 준다. 진정으로 사람의 심금을 울리는 글은 간결하고 함축적인 글이다.

4) 쉽게 표현하라. "어렵게 쓰기는 쉽고 쉽게 쓰기는 어렵다."는 말이 있다. 우물가에서 물 긷는 아낙네들이 주고받는 살아 있는 언어, 나무꾼이 흥얼거리는 언어로 쓴 고려속요가 양반사대부의 현학적인 언어로 쓰인 경기체가 보다 문학적 생명력이 있는 까닭은 마음에서 우러나는 바를 쉽게 썼기 때문이다. 소크라테스는 대중이 알아들을 수 있는 저잣거리 사람들의 언어로 진리를 설파했고, 석가모니는 자기가 속했던 상류 사회의 언어를 버리고 민중의 언어로 설교했다. 간디는 3억 민중을 상대로, 단상에서 절규하고 호령한 것이 아니라 이 마을 저 촌락을 다니면서 친근한 민중의 언어로 차근차근 자신의 신념을 풀어냈다. 결국 간디는 3억 민중을 긴 노예의 잠에서 깨어나게 했다.

당(唐) 나라 때 백낙천은 민중 시인으로 사회 각층의 고른 지지를 받았다. 그는 시를 발표하기 전에 농민이며 부녀자들에게 자기가 지은 시를 들려주고, 그들이 머리를 흔들면 다시 쓰거나 고쳤다는 일화로 유명하다. 좋은 글은 쉽게 쓴 글이다.

5) 한자어, 바로 쓰고 덜 쓰자. 한자어의 빈번한 사용은 거부감을 줄 수 있다. 특히 실용적인 글에서는 한자 어투를 버리고 부드러운 고유의 글을 써야 한다. 아름답고 고운 우리말을 두고 굳이 어려운 한자어를 고집할 필요는 없다.

6) 잘못된 한자와 조사, 번역어 문체 바로 쓰기. 한자어의 의미를 잘 알지 못하고 쓰거나, 조사나 어미를 문법에 맞게 써야 한다. 뿐만 아니라 국적 불명의 번역어 문체가 우리 언어생활에 깊숙이 침투하여 언어 질서를 교란시키고 있으므로 주의해야 한다.

7) 고유어를 찾아 쓰자. 시대가 변하면서 점차 고유어가 사라지고 있다. 그러나 세월이 흘러도 된장국의 구수한 맛이 변하지 않듯이, 고유어에는 신조어가 흉내 낼 수 없는 고유의 깊고 은근한 맛이 있다.

제2부 창작의 풍경

■ 마음의 근력(筋力)을 키워야 한다 · 이성림

■ 작가의 말 : 글쓰기는 내 영원한 미완의 꿈이다 · 민병기

마음의 근력(筋力)을 키워야 한다

이성림 · 명지전문대 문예창작과 교수

몇 해 전부터 듣기 거북하지만 떠돌아다니는 표현 중에, '수저계급론'이라는 말이 사회적 이슈가 되고 있다. 수저계급론은 자식의 사회적 계급이 부모의 직업, 경제력 등에 의해 대물림된다는 이론이다. 유럽 귀족층에서 은(銀) 식기를 사용하고, 태어나자마자 유모가 은수저로 젖을 떠먹이던 풍습에서 유래한 '은수저를 물고 태어나다[born with a silver spoon in one's mouth].'라는 말에서 가져온 용어라고 한다.

사람들은 금수저, 은수저, 동수저, 흙수저로 계급을 나누고 각각에 해당하는 재산과 수입까지도 규정하고 있는데, 흙수저란 부모의 능력이나 형편이 넉넉지 못해 경제적 도움을 전혀 받지 못하는 사람을 뜻한다는 것으로 삶이 자신의 의지와는 상관없이 정해져 버린다는 것에 분노 아닌 분노를 자아내게 하고 있다.

이러한 사회적 분위기와는 한참 멀리 떨어져 있는 것이 바로 우리가 지향하고 있는 문학 활동이라는 점에서 적이 대단한 위로를 얻게 된다. 문학은 훨씬 더 고차원적인 차원에서 오히려 그러한 사회적 현상을 가엾이 여기며 위에서 내려다보고 있는 인문학적, 철학적 작업이다. 만약에 계급이론이 존재한다고 하면 어떤 계급도 포용할 수 있는 것이 문학의 세계에서는 가능하다.

오히려 그러한 속물적인 이론을 일격에 부숴버릴 수도 있는 것이 문학의 세계임을 나는 천명하고자 한다.

삭비(數飛)를 말하고자 함이다. 자주 반복한다는 말이다. 어린 새들은 날기 위해서 날갯짓을 수없이 반복한다고 한다. 반복해서 나는 연습을 해야만 창공을 멋지게 날아오를 수 있는 것이다. 자연의 섭리를 위배하는 수저계급론 같은 천격(賤格)한 사고는 애당초부터 말이 되지 않는다. 누구나 똑같이 태어나서 부단히 나는 연습을 하여 드넓은 하늘로 박차고 날아오를 수 있다는 자신감을 기초로 해야 하는 것이다.

그러나 얼만큼 멋지고 유연하게, 우아하게 날아오르는가 하는 것은 전적으로 자신의 노력과 부단한 연습에 기인한다. 타고난 재주는 1 퍼센트라고 한다면 갈고 닦는 노력, 땀 흘림이 99를 차지한다. 아흔아홉의 노력과 지난한 땀 흘림의 결과로 쓰여지는 것이 문학이다. 엉덩이를 붙이고 컴퓨터 앞에 앉아 있을 수 있는 끈기, 근기(根氣)가 있어야 한다.

추사 김정희 선생은, '내 글씨는 비록 말하기에는 아직 부족하나, 나는 70평생에 벼루 열 개를 밑창 냈고 붓 일천 자루를 몽당붓으로 만들었다'고 하였다. 다산 정약용 선생은 너무 오래 책상머리에 공부하는 자세를 하고 앉아 있었더니 버선의 복숭아뼈 닿는 부분에 구멍이 났다고 술회 하였다. 어떤 이름 날린 유명한 소설가는 본으로 삼을 만한 선배의 단편 소설을 백 번 옮겨 적다보니 문장의 도가 트이고 길이 보이더라는 속마음을 토로하기도 했다.

이 모두가 타고난 집안의 배경이나 경제적인 내림하고는 전혀 상관없이 스스로 노력하고 반복하고 연습하여 끝내는 한 분야에서 대가로 날릴 수 있었던 결과를 만들어 낸 것이다.

갓 태어난 새가 얼마나 죽을 듯이 나는 연습을 하여야 만이 어른 새처럼 세상을 박차고 날아올라 먹이를 물어오고 다른 세상을 넘보고 하겠는가. 노력하고 연습하고 애 쓰지 않으면 얻어지는 것이 없다. 성공할 수 없다. 마음의 근력(筋力)을 키워 나가야 한다.

바로 이 삭비의 뜻이 『논어』 문장에서는, 학이시습(學而時習)의 습과 연관 지어 생각해 볼 수가 있다. '습' 자의 부수가 깃 우(羽)이다. 깃은 날개로 날짐승의 깃털을 그린 상형자이다. 즉 날갯짓을 상징하며, 일(日)은 태양을 그린 글자로 세월이나 날들을 의미한다. 그래서 習은 어린 새가 나는 것을 배우기 위해 오랜 세월 동안(日) 끝없이 날갯짓(羽)을 반복하는 모습을 그린 글자로, '여러 번 날다(數飛·삭비)'의 뜻을 가지는 글자이다.

고대 중국인들은 새가 태어나면서 바로 날지 못함을 알았다. 새가 하늘을 나는 것이 태생적인 것이라기보다는 끊임없는 반복의 결과라는 것을 인식한 것이다. 그것은 처음에는 반복이요 연습이지만, 그 반복의 횟수가 무한대로 증식하면서 태생적 속성처럼 여겨지게 된다는 논리로 설득력 있게 풀이하고 있다.

은반을 물들이는 스케이터들도 처음에는 걷는 법부터 시작하여 수십 번, 수천 번 넘어지고 일어나는 과정을 거친 끝에 최상의 예술행위로 수를 놓게 되었던 것이다. 조각가는 처음부터 멋진 조각상을 빚어낸 것이 아니라 손가락, 손등을 수십 번 상처내고 피 흘린 끝에 작가의 혼이 들어간 예술품을 빚어낼 수 있었던 것이다. 연주자들도 마찬가지다. 처음에는 수십 번 씩 살가죽이 벗겨져 나가는 반복과 훈련의 결과물로 세계적인 작가가 되고 예술가가 되고 행위자가 될 수 있었던 그 과정을 소중하게 생각할 줄 알아야 한다.

아름다운 종소리도 지난날의 과정을 생각해 보면 수 천 수만의 용광로 속에서 달구어지지 않으면 만들어질 수가 없다. 미소 짓고 있는 백화점의 멋진 마네킹도 그 뒤를 보면 수십 개의 날카로운 핀침이 꽂혀져 있다. 한두 개 가지고는 안 된다 수십 개의 침으로 고정시켜 놓아야만 손님들 앞에 하나의 작품으로 용도 있고 쓰임새 있게 보여질 수 있는 것이다.

마음의 근력을 키워야 한다. 구체적으로 문학에서 마음의 근력을 키우는 일은 어떠한 일인가.

여러 번 반복하여 핀침을 꽂아서 정정하듯이, 원고지를 쓰고 또 쓰고 지우고 또 새로운 표현을 찾기 위하여 써 보기를 새가 날갯짓 하듯이 반복해야 하는 것이다. 반복하여 학습하지 않으면 안 된다는 것이다. 때때로 반복하는 것이 아니라 매번 수시로 늘 복습하듯이 날갯짓을 멈추지 말아야 한다.

반복하여 힘이 길러지다 보면 글도 쓸 수 있고 경영학, 공학, 정치학 등 모든 분야에서 전문가가 되고 끝내는 최상 최고의 경지에 이를 수 있다는 것이다. 반복하는 것만큼 학습효과가 큰 방법은 없다고 말할 수 있을 정도로 좋은 문장을 얻어질 때까지 수도 없이 원고지 칸을 메꾸어 나갈 끈기가 필요하다. 혼자서도 잘 할 수 있는 경지에 도달하게 될 것이다.

'세불아연(歲不我延)'이라 하여 '세월은 나를 위하여 더디 가지 않는다'라고 하였다. 하물며 나를 기다려 주지도 않는 것이 세월이고 시간이다. 문예창작과에 입학하는 연령이면 누가 보더라도 아직은 젊고, 비교적 시간을 많이 가지고 있는 출발의 사람들이 아닌가싶다.

도연명 시인도 '젊음은 두 번 다시 오지 않고, 하루에 새벽은 두 번 있지 아니하니 젊었을 때 학문에 힘쓰라'고 하였다. 세월은 사람을 기다리지 않는다는 것이다.

문예창작을 하겠다고 작심하고 문예창작과에 발을 내딛은 우리 학생들에게 이제 아무런 두려움이나 장애물은 없어야 한다. 수저계급론처럼 금수저, 은수저를 물고 태어나는 사람은 문학의 세계에서는 없다. 있을 수도 없다. 문학의 생리라는 것이 도저히 그러한 것을 용납하지 않는다. 그저 복숭아뼈에 구멍 나도록 앉아서 물고 늘어져 집요하게 써 보고 또 써보는 날갯짓만이 유용하다. 반복적으로 연습하고 수련하다보면 도가 트이고 익숙해지는 경지에 까지 도달할 것이다.

스스로 터득해 나가는 것이다. 그러한 것을 교육공학에서는 자기주도적인 학습형태라고 하지 않던가. 자기 스스로, 자기 주도로 자신을 끌고 나가는 것이다. 선생이나 선학(先學)들은 그저 약간의 거들어주는 역할만을 할 뿐이다.

열심히 꾸준히 쉬지 않고 하다보면 저절로 실력이 늘고 솜씨가 드러나서 만족할 만한 읽혀지는 하나의 작품을 만들어 나갈 수 있다.

뜻을 이루려는 사람은 영혼이 외롭지 않다. 반복하는 날갯짓이 지겹지 않다. 처음에 쓴 글씨체보다 천 번째 쓴 글씨체가 훨씬 돋보이고 흡족한 느낌을 줄 것이다. 첫 번째 그린 그림보다 만 번 째 그린 그림에서 도가 느껴질 것이다. 도통(道通)하기 바란다. 마음의 근력이 차근차근 쌓여서 일가견을 이룬 사람은 말 할 수 없는 희열과 성취감을 느끼게 될 것이다. 어디 감히 천박스런 수저계급론에 비유할 것인가.

날은 저무는데 갈 길은 멀다고 생각하지 말고 한 발짝 한 발짝 내딛는 날갯짓의 근력을 키우기 바란다. 어느 사이 목적지에 발길이 닿고 있을 것이다.

작가의 말

글쓰기는 내 영원한 미완의 꿈이다

민병기 · 창원대 국문과 명예교수

나는 산촌에서 자랐지만, 청년기부터 서울에서 교사로 근무했다. 장년기엔 컴퓨터로 인터넷을 검색하며 연구했다. 농경·산업·정보사회인 3층문화를 체험했다. 그동안 오직 희망 하나를 품었다. 그것은 소설에 내 꿈을 담는 희망이었다. 하지만 소설을 많이 읽지도 쓰지도 못했다.

입시공부에서 해방된 대학 시절에 나는 러시아·프랑스어 번역 소설들을 탐독하며, 소설 작법을 스스로 익히려 노력했다. 당시 나는 문학을 홀로 하는 것으로만 생각하며 했다. 소설이란 읽으면 재미있지만, 막상 창작하면 참으로 괴롭다는 사실을 절감했다. 그 절망감을 견디지 못해, 난 소설쓰기에 전 생애를 걸지 못했다.

소설가 되려는 꿈을 보류하고, 교직을 선택했다. 이후에도 그 꿈에서 나는 자유롭지 못했다. 현실적 패배감을 습작으로 달래기도 했지만, 그보다 더 오랜 시간에 소설을 못 쓴다는 초조한 압박감을 견딜 수 없어, 난 소설가의 꿈을 포기했다.

시전공 교수가 되었지만, 그 창작이든 비평이든 모두 내 생리에 맞지 않았다. 표현미를 위해 의미를 희생시키는 것은 내 체질에 맞지 않았다. 언어결합에 내 마음이 분명하게 담겨야 직성이 풀리는 피부 같은 내 체질에 굴복하여 소설쓰기를 포기했다.

소설 대신에 시쓰기를 시도했지만, 모국어 정화에 역행하는 시단 풍토에 난 또 절망했다. 李箱의 시처럼 난해한 추상시 경향은 한글문화를 혼란스럽게 만든다고 생각했다. 시적 표현미도 소중하지만, 언어 구사의 논리성을 더 중요하다고 생각해, 나는 시창작보다 작문교육에 치중했다.

비·악문이 많은 한글 문화권에서, 나는 한글을 논리적으로 분명하게 구사하는 그 정화운동의 필요성을 절실히 느꼈다. 특히 법조인들은 간결·명확한 명문 쓰기를 외면한다. 그들은 마침표 대신에 쉼표를 치며, 긴 비문 구사를 당연시한다.

절들이 많은 긴 비문들이 모일수록 악문이다. 주제가 분명하게 드러나지 않을수록 악문이 된다. 악문을 읽으면 소송 당사자조차 그 내용을 쉽게 이해하지 못한다. 그 원인은 단어 자체의 난해성보다 긴 비문들로 모인 악문에 있다. 비문과 정문 그리고 악문과 명문을 판별하는 논리적인 글쓰기 책을 내고 싶다. 그것이 내 현재 꿈이다.

그 개선의 적임자는 문법학자들이지만, 그들은 한국어의 논리적인 글쓰기를 연구의 대상으로 삼지 않는다. 따라서 한글 문장부호들인 혼란스럽게 쓰여도 개선되지 않는다. 그 대표적인 예가 쉼표(,)와 중앙점(·)이 부정확하게 쓰이는 점이다.

그러나 이 둘의 용도를 분명하게 알려져야 한다. 한 문장이 끝나면 마침표(.)가 쓰이듯, 절 하나가 종료되면 쉼표가 사용된다. 하지만 유사한 기능의 단어들이 나열되면, 중앙점이 쓰인다. "정치·경제·사회 등 모든 분야에서 개혁이 필요하다"란 예문에서, 중앙 점들을 대신해서 쉼표를 치면 절대로 안 된다.

정문과 비문을 판별하는 기준을 분명하게 아는 것이 명문 쓰기의 기초학습이다. 문장의 핵심인 주어와 서술어의 의미관계가 분명할수록 정문이 되지만, 그 둘의 관계가 모호하면 비문이 된다. "산은 말이 없다."란 예문에서, 주어가 '산'인지 '말'인지 모호하니, 비문이다.

그러나 "산은 말을 않는다"와 "산은 말하지(말을 하지) 않는다."는 주·술어의 의미의 잘 호응한다. 이렇게 어절들의 성분·의미 관계가 분명한 문장들은 정문에 속한다.

하지만 "산은 말이 없다."란 비문 하나가 정문 셋보다 일상에서 더 많이 쓰이니, 이것을 정문으로 다루는 것이 국문법이다.

'산'을 주어로 '말이 없다.'란 절을 서술어로 보는 주장이 국문법 이론이다. 하지만 세상에 말들은 많으니, 그 절의 의미가 단일 개념으로 성립되지 않는다. 절의 뜻이 틀렸으니, 그 문장도 비문이다. 이중주어문으로 알려진 이런 비문들이 많다.

"눈알은 백인이 파랗다"도 주어가 모호한 비문이다. 그러나 주어를 '눈알'로, '백인이 파랗다'란 절을 서술어로 보며, 이것을 정문으로 다룬다. 하지만 백인은 파랗지 않으니, 서술절(어)과 문장이 모두 틀렸다. 이것을 이중주어문으로 이론화시키는 국문법론엔 큰 모순이 있다.

"코는 코끼리가 길다."에서, '코'를 주어로, '코끼리가 길다.'란 절을 서술어로 보는 주장엔 모순이 있다. 코끼리는 뚱뚱하지 길지 않으니, 그 절의 뜻이 틀렸다. 따라서 비문인 이것의 정문은 "코끼리의 코는 길다."이다. 주·술어의 관계가 분명하면, 의미도 정확하게 담기는 정문이 된다.

일상적 대화체 문장으로 정문들보다 비문들이 더 많이 쓰이는 원인이 국문법에 있다. 단어와 어절의 구분이 모호해, 한국어 띄어쓰기 기준이 통일되지 않았다. 사전엔 단어들 중심으로 나열되었지만, 실제 글쓰기의 단위는 어절이다. 따라서 체언과 용언의 띄어쓰기 단위가 다르다. 체언 뒤에 붙는 조사와 함께 2단어가 1어절이지만, 용언 단어들은 그 자체로 1어절이다.

"인간은 신이 아니다."란 예문을, 컴퓨터 <문서정보>에, 검색하면 낱말 3개란 통계가 나온다. 이렇게 단어와 어절의 단위가 불일치되는 경우들이 많다. 국어사전에 나열된 모든 낱말들과 그것들의 띄어쓰기 단위가 통일되지 않고 양분된다.

더욱이 비문과 정문을 판별하는 정확한 기준이 있다. 예를 들면 "나는 술이 싫다"나 "나는 벌이 무섭다"란 문장은 비문이다. 주어가 나인지 벌인지 모호한 비문이다. 그 정문은 "나는 벌을 무서워한다"이다. 주어가 애매한 비문들을 모아서, 그것들을 분류하고 체계화시키는 어학 논문들이 많다. 그러나 다음과 같이 정·비문들을 대비하여 그 판별 기준을 제시하는 실용적 국문법은 없다.

"산은 말이 없다(말을 않는다)"와, "나는 술이 싫다(술을 싫어한다)"와, "흑인은(의) 피부가(는) 검다"와 "이 책상은(엔) 먼지가 많다"와 "나는 뱀이 무덥다(뱀을 무서워한다)."와 "철수는 학교가(를) 싫었다(싫어했다)"와 "서울은(에서) 강남이(의) 집값은(이) 제일 비싸다"와 "한국은(에서) 여름이(에) 비가 제일 많이 온다"와 "한국의 이공계는 글쓰기가 두렵다(한국의 이공계 출신들은 한글쓰기를 두려워한다)"와 "신은 죽은 것인가(죽었는가)" 등은 모두 주·술어가 모호한 비문들이다. 그 정문 괄호 안에 있다.

더욱이 서술어가 '때문이다'로 끝나는 문장들은 모두 비문에 속한다. "그니(she)는 이혼했다. 남편이 지나친 외도 때문이다"의 정문은 "남편의 지나친 외도로, 그니는 이혼했다"이다. 따라서 '이유'와 ' 때문이다'처럼 불필요한 단어들이 그 문장의 주·술어가 될 수 없다.(*)

문학의 집에서 꾸는 꿈

펴낸날 1쇄 발행 2018년 1월 10일

엮은이 전국대학문예창작학회
지은이 조동길 민병기 차희정 서정남 이성림 김승현 은미숙 이희숙 김성구 채길순
펴낸곳 국제문학사
등 록 2015.11.02. 제25100-2015-000083호
주 소 서울특별시 은평구 가좌로7길9-9(501호)
　　　응암동, 소원노블레스 가동501호
전 화 070-8782-7272
전자우편 E-mail kims0605@daum.net
　　　　Printed in Korea
배 본 문학공원 02-2234-1666
　　　값 12,000원

ISBN 979-11-960937-1-6 (93800)

잘못된 책은 바꿔드립니다.
주 거래은행 농협 351-0914-8841-23(김성구 국제문학사)

이 도서의 국립중앙도서관 출판예정도서목록(CIP)은 서지정보유통지원시스템 홈페이지(http://seoji.nl.go.kr)와 국가자료공동목록시스템(http://www.nl.go.kr/kolisnet)에서 이용하실 수 있습니다.(CIP제어번호: CIP2017034309)